Alice Oderinde

Im Netz spielt die Musik

Alice Oderinde

Im Netz spielt die Musik

Das Internet als Herausforderung für die Musikindustrie

Tectum Verlag

Alice Oderinde

Im Netz spielt die Musik.
Das Internet als Herausforderung für die Musikindustrie

ISBN: 978-3-8288-2430-0
Umschlagabbildung: photocase.com © complize
Umschlaggestaltung: Norman Rinkenberger | Tectum Verlag
© Tectum Verlag Marburg, 2010

Besuchen Sie uns im Internet
www.tectum-verlag.de

Bibliografische Informationen der Deutschen Nationalbibliothek
Die Deutsche Nationalbibliothek verzeichnet diese Publikation in der
Deutschen Nationalbibliografie; detaillierte bibliografische Angaben sind
im Internet über http://dnb.ddb.de abrufbar.

Inhaltsverzeichnis

Abkürzungsverzeichnis

A&R	Artist and Repertoire
BMG	Bertelsmann Music Group
CD	Compact Disc
CD-R	Compact Disc Recordable
DAT	Digital Audio Tape
DCC	Digital Compact Cassette
DRM	Digital Rights Management
DSL	Digital Subscriber Line
DVD	Digital Versatile Disk
DVD-A	Digital Versatile Disk - Audio
E-Business	Electronic Business
E-Commerce	Electronic Commerce
E-Mail	Electronic Mail
EMI	Electric & Musical Industries Ltd.
EU	Europäische Union
GEMA	Gesellschaft für musikalische Aufführungsrechte und mechanische Vervielfältigungsrechte
GVL	Gesellschaft zur Verwertung von Leistungsschutzrechten
ISDN	Integrated Services Digital Network
IT	Informationstechnologie
LP	Longplay
MC	Music Cassette
MD	Mini Disc
MP3	Motion Picture Experts Group, Audio Layer 3
P2P	Peer to Peer
PC	Personal Computer
RTL	Radio-Télé-Luxembourg
SACD	Super Audio Compact Disc
TV	Television
UrhG	Urheberrechtsgesetz
WIPO	World Intellectual Property Organization
WWW	World Wide Web

Abbildungsverzeichnis

1 Einleitung

„Musik ist nicht der Datenträger, auf dem er sich befindet; Schallplatte, Tonband und CD sind nur vermeintlich ihre natürliche Erscheinungsform" (Mertens 2009: 23).

Das traditionelle Geschäftsmodell der Musikindustrie wird derzeit durch das Internet als neues Distributionsmedium für Musik in Frage gestellt (vgl. Gersch/Avaria 2007: 17). Hauptaufgabe der Plattenfirmen war bisher die physische Tonträgerproduktion und -distribution über klassische Handelsintermediäre. Doch sowohl der Vertrieb von Tonträgern als auch das Produkt Musik selbst haben durch den technischen Fortschritt der Digitalisierung eine zunehmende Virtualisierung erfahren (vgl. Hutzschenreuter 2000: 121). Das Internet rückt immer mehr in den Mittelpunkt des modernen Musikkonsums: statt des klassischen Radiohörens bevorzugen mittlerweile viele Nutzer die zahlreichen Internetradioportale; CDs und DVDs werden immer häufiger über Onlinehändler wie Amazon.de gekauft. Die wohl rasanteste Entwicklung macht jedoch die digitale Musikdistribution. 2007 wurden in Deutschland 312 Millionen Musiktitel kostenlos über illegale Tauschbörsen heruntergeladen (vgl. Bundesverband Musikindustrie 2007a: 26). Aber auch das kommerzielle Downloadgeschäft gewinnt zunehmend an Relevanz – die Absatzzahlen im Downloadbereich stiegen 2007 im Vergleich zum Vorjahr um 40 Prozent an (vgl. Bundesverband Musikindustrie 2007a: 19). Die aus dem Internet geladene Musik wird immer häufiger direkt über Musikplayer auf dem Rechner abgespielt und auch der Musikkonsum über portable MP3-Player und Mobiltelefone nimmt stetig zu. 2007 waren auf den genannten Geräten in Deutschland insgesamt fast 20 Milliarden Musiktitel abgespeichert (vgl. Bundesverband Musikindustrie 2007a: 26). Die Musikkonsumenten haben den technologischen Fortschritt also für sich entdeckt und nutzen ihn, um Musik orts- und zeitunabhängig zu erwerben und zu konsumieren (vgl. Gersch/Avaria 2007: 17). Die Musikindustrie vertritt bisher hingegen eine defensiv und ablehnend geprägte Haltung gegenüber der durch Digitalisierung und Internet vorangetriebenen Entwicklung. Derzeit ist die Tonträgerindustrie mit erheblichen Umsatzeinbrüchen konfrontiert, die bereits seit über zehn Jahren auch den deutschen Markt stetig schrumpfen lassen. Die Umsätze gingen in Deutschland seit 1997 von 2,7 Milliarden auf 1,65 Milliarden im Jahr 2007 zurück (Bundesverband Musikindustrie 2007a: 10). Kritiker sehen die Ursache dieser Krise in erster Linie innerhalb der Branche, insbesondere im Versäumnis der Plattenlabels, den aufkommenden Internetmarkt nicht nur als Bedrohung sondern als Chance zu sehen (vgl. Friedrichsen et al. 2004: 7ff.). Die Plattenfirmen führen diese Negativentwicklung hingegen in erster Linie auf das veränderte Nutzungsverhalten der Musikkonsumenten zurück. Die Musikindustrie geht davon aus, dass die Nutzung illegaler Kostenlosangebote im Internet die Musikkäufe enorm schmälern (vgl. ebd.). Doch trotz der Bemühungen der Plattenlabels, dem unautorisierten Kopieren von Musik anhand von Kopierschutzsystemen und juristischen Maßnahmen entgegenzuwirken, konnten die Umsatzrückgänge beim Tonträgerverkauf bisher nicht gestoppt werden (vgl. Gersch/Avaria 2007: 17). Bisher scheint es keine wirksamen Lösungsansätze zu geben, um die Musikindustrie aus der Krise zu führen (vgl. Kromer 2008: 19).

In dieser Arbeit soll erörtert werden, inwiefern das Internet als neues Medium den Musikmarkt beeinflusst und welche Herausforderungen sich dadurch für das Management der traditionell die Musikindustrie dominierenden Plattenfirmen ergeben. Wie hat sich die Musikbranche mit dem Aufkommen neuer Austausch- und Distributionsmöglichkeiten digitaler Musiktitel über das Internet verändert? Welche Chancen und Risiken ergeben sich dadurch für die Musikindustrie? Welche Konsequenzen haben die veränderten Marktbedingungen für das Geschäftsmodell der Plattenfirmen? Ist eine Anpassung des Managements der Plattenlabels notwendig, um auf dem neuen, sich rasch wandelnden Musikmarkt erfolgreich bestehen zu können?

Die Musikindustrie besteht aus den drei Bereichen Tonträger, Musikinstrumente und Konzerte bzw. andere musikalische Aufführungen. Die Tonträgerindustrie bildet den Kernbereich der Musikindustrie und wird von einer Oligopolgruppe, den sogenannten Majors bzw. Major Labels dominiert, die weltweit ca. 70 Prozent des Umsatzes der Musikindustrie generieren. In Deutschland kontrollieren sie sogar 80 Prozent des Umsatzes (vgl. Friedrichsen et al. 2004: 17, 23f.). Aufgrund der dominanten Rolle der Tonträgerhersteller hat es sich in der Literatur weitgehend durchgesetzt, die Begriffe Tonträgerindustrie und Musikindustrie synonym zu gebrauchen (vgl. Kulle 1998: 137; Friedrichsen et al. 2004: 17). Auch in dieser Arbeit wird der Begriff Musikindustrie mit der Tonträgerindustrie gleichgesetzt. Auch die Termini Musikwirtschaft und Musikbranche werden weitgehend synonym zum Begriff Musikindustrie verwendet. Der Schwerpunkt der Untersuchung liegt auf der Gruppe der Major Labels, die aus den vier großen Musikkonzernen Sony Music Entertainment, Universal Music Group, Warner Music Group und EMI Music besteht (vgl. Eigen 2007: 44). Die vielen kleineren Musikunternehmen, die sogenannten Independents bzw. Independent Labels werden jedoch ebenfalls berücksichtigt. Mit den Begriffen Plattenfirma,

Musikunternehmen, Plattenlabel und Label sind gleichbedeutend Tonträgerhersteller gemeint.
Die Bearbeitung der Musikmärkte erfolgt über nationale Ableger der
Majors, die neben international erfolgreichen Stars auch einheimische
Künstler betreuen (vgl. Stähler 2002: 264). Auch sind die rechtlichen
Rahmenbedingungen der Musikindustrie durch die nationale Gesetzgebung bedingt. Der deutsche Musikmarkt ist der viertgrößte weltweit
(vgl. Bundesverband Musikindustrie 2007a: 58) und bildet den Fokus
dieser Arbeit. Die weltweiten Zugriffsmöglichkeiten auf digitalisierte
Musik im Internet werden jedoch berücksichtigt. Da die Musikmärkte
sich zumindest in den westlichen Industriestaaten sehr in ihrer Struktur
ähneln (vgl. Friedrichsen et al. 2004: 18), sind die Ergebnisse dieser Untersuchung weitestgehend auf den internationalen Musikmarkt über-
tragbar.

Zum Thema Musikmanagement bzw. zum Management von Musikunternehmen gibt es bisher nur wenig Literatur. Es wird zwar einerseits
ausführlich darüber diskutiert, welchen Schaden illegale Downloads der
Musikindustrie zuführen und andererseits, welche Vorteile der Internet-
vertrieb von Musik den verschiedenen Marktteilnehmern bietet. Jedoch
wird kaum analysiert durch welche Veränderungen der strategischen
Managementausrichtung die Musikindustrie die durch das Internet
verursachten Probleme abwenden und die Vorteile für sich nutzen kann.
Eine der wenigen Ausnahmen bildet eine Publikation von Friedrichsen
et al.[1]. Die Autoren stellen ein ausführliches Strategie- und Marketing-
konzept für die Musikindustrie vor, das auf den Musikmarkt der Zukunft zugeschnitten ist. Auch Kromer untersucht im Rahmen seiner
Veröffentlichung WERTSCHÖPFUNG IN DER MUSIKINDUSTRIE[2] zukünftige
Erfolgsfaktoren bei der Musikvermarktung. Allerdings beschränken sich
die Publikationen von Friedrichsen et al. und Kromer bei der Analyse
zukünftig erfolgreicher Managementstrategien nicht auf das Internet als
Herausforderung für die Musikindustrie, sondern gehen auch auf ökonomische, demographische und soziale Herausforderungen ein. Ferner
finden sich einige Aufsätze in Sammelbänden, die einzelne Funktions-
reiche des Musikmanagements wie das Produktions-, Marketing- oder
Vertriebsmanagement zum Thema haben. Ein Beispiel ist das HANDBUCH

---

[1]   Friedrichsen et al. (2004): *Die Zukunft der Musikindustrie. Alternatives Medien-
        management für das mp3-Zeitalter.* München: Verlag Reinhard Fischer.
[2]   Kromer (2008): *Wertschöpfung in der Musikindustrie. Zukünftige Erfolgsfaktoren
        bei der Vermarktung von Musik.* München: Verlag Reinhard Fischer.

DER MUSIKWIRTSCHAFT[3], sicherlich eines der umfangreichsten Werke zur Musikindustrie. Auch im Sammelband ÖKONOMIE DER MUSIKINDUSTRIE von Clement und Schusser[4] behandelt ein Kapitel das Management von Musik. Teilweise sind auch im Rahmen einiger Publikationen zum Medien- und Internetmanagement, einzelne Kapitel oder Abschnitte zum Management von Musik zu finden[5]. Des Weiteren beschäftigt sich auch Tim Renner, ehemaliger Geschäftsführer des Plattenlabels Universal Music in Deutschland, in seinem populärwissenschaftlichen Buch über die Musikindustrie mit den zukünftigen strategischen Managementoptionen der Plattenfirmen[6].

Darüber hinaus sind insbesondere in den letzten Jahren zahlreiche Veröffentlichungen erschienen, die das Thema Musikindustrie aus volkswirtschaftlicher Sicht untersuchen und nicht näher auf das Management der Musikindustrie eingehen. Im Mittelpunkt der Betrachtung steht bei diesen Veröffentlichungen jeweils der derzeitige Strukturwandel des Musikmarkts unter Einfluss von Digitalisierung und Internet[7]. Auch zum wirtschaftlichen Aspekt des neuen Mediums Internet gibt es viel aktuelle Literatur, die sich hauptsächlich mit der sogenannten Internetökonomie bzw. Netzwerkökonomie sowie mit den Themen Electronic Business und Electronic Commerce beschäftigen[8].

---

3   Moser/Scheuermann (Hrsg.) (2003 [1992]): *Handbuch der Musikwirtschaft. Der Musikmarkt*. 6. Auflage. Starnberg/München: Keller.

4   Clement/Schusser (Hrsg.) (2005): *Ökonomie der Musikindustrie*. Wiesbaden: Dt. Univ. Verlag.

5   Ausführlich bspw. Wirtz (2005): *Medien – und Internetmanagement*. 4. Auflage. Wiesbaden: Gabler; Stähler (2002 [2001]): *Geschäftsmodelle in der digitalen Ökonomie: Merkmale, Strategien und Auswirkungen*. 2. Auflage. Lohmar/Köln: Josef Eul Verlag.

6   Renner, Tim (2008): Kinder, der Tod ist gar nicht so schlimm. Über die Zukunft der Musik- und Medienindustrie. Berlin: Rogner & Bernhard.

7   Beispiele sind Bauckhage, Tobias (2002): *Das Ende vom Lied? Zum Einfluss der Digitalisierung auf die internationale Musikindustrie*. Stuttgart: ibidem; Kratzberg (2008): Die Musikindustrie im digitalen Zeitalter. Veränderungen von Wertschöpfungsprozessen durch den Einfluss von neuen Medien und Entrepreneurship. Saarbrücken: VFM Verlag Dr. Müller; Gersch/Avaria (2007): *Die Branchentransformation der Musikindustrie. Eine (co-)evolutorische Analyse unter Berücksichtigung des Einflusses einzelner Geschäftssysteme*. Bochum: Institut für Unternehmensführung.

8   Beispiele sind Zerdick et al. (2001): Die Internet-Ökonomie. Strategien für die digitale Wirtschaft. 3. Auflage. Berlin: Springer; Hutzschenreuter (2000): Electronic Competition. Branchendynamik durch Entrepreneurship im Internet. Wiesbaden: Gabler; Kollmann (2009 [2007]): E-Business. Grundlagen elektronischer Geschäftsprozesse in der Net Economy. 3. Auflage. Wiesbaden: Gabler.

Zur Analyse der Musikindustrie bieten sich Methoden aus dem strategischen Management an. Kapitel 2 stellt verschiedene Verfahren und Modelle des strategischen Managements vor und beschreibt das methodische Vorgehen dieser Arbeit. Kapitel 3 dient sowohl der theoretischen Einordnung des Musikmanagements als Teildisziplin des Medienmanagements, als auch der theoretischen Untermauerung der in dieser Arbeit verwendeten Methoden aus dem strategischen Management. Nachdem nun das theoretische Fundament gelegt ist, folgt die inhaltliche Auseinandersetzung mit dem Thema. Kapitel 4 nimmt eine strategische Analyse des traditionellen Tonträgermarkts vor, um ein konkretes Bild der Unternehmenssituation der Plattenfirmen aufzuzeigen. Sowohl die Unternehmensumwelt der Musikunternehmen als auch deren klassisches Geschäftsmodell werden genauer betrachtet. Kapitel 5 greift die Ergebnisse der strategischen Analyse aus Kapitel 4 auf und untersucht, wie sich die Unternehmenssituation der Musikunternehmen durch das Aufkommen der neuen Medien verändert hat. In Kapitel 6 wird schließlich erörtert, welche Konsequenzen das Internet für das Geschäftsmodell der Plattenfirmen sowie für deren Marketingstrategie hat. Ziel ist es aufzuzeigen, welche Möglichkeiten den Plattenfirmen offen stehen, um die neuen Medien auf dem veränderten Musikmarkt erfolgreich für sich nutzen zu können. Die Ergebnisse der Untersuchung werden in Kapitel 7 noch einmal kurz zusammengefasst.

2 Methodisches Vorgehen

Die Untersuchung des neuen Mediums Internet als Herausforderung für die Musikindustrie, einem Teilbereich des Mediensektors, lässt zunächst die Wahl medienwissenschaftlicher Verfahren für das methodische Vorgehen als sinnvoll erscheinen. Es werden Instrumente zur Untersuchung der Struktur des traditionellen und modernen Musikmarkts sowie zur Analyse des Geschäftsmodells der Musikunternehmen benötigt. Die Ergebnisse der Untersuchung sollen Aufschluss darüber geben, inwiefern sich die Plattenfirmen wandeln müssen, um sich auf dem internetgetriebenen Musikmarkt behaupten zu können. Das medienwissenschaftliche Methodenrepertoire bietet jedoch hauptsächlich Verfahren zur Analyse der Inhalte von Medienprodukten sowie zur Untersuchung von Rezeptionsprozessen und Rezeptionseffekten (Medienwirkung) (vgl. Andringa 2002: 257). Zur Untersuchung von Marktstrukturen und Geschäftsmodellen sind die medienwissenschaftlichen Methoden nicht geeignet, so dass sie für den Untersuchungszweck dieser Arbeit nicht in Frage kommen. Stattdessen wird auf verschiedene Instrumente der strategischen Analyse zurückgegriffen, einem Teilprozess des strategischen Managements (vgl. Welge/Al-Laham 2003: 98f.). Die strategische Analyse untersucht sowohl die externe Unternehmensumwelt, d.h. den Markt und das weitere Umfeld, auf dem ein Unternehmen tätig ist (externe Analyse), als auch die unternehmensinternen Strukturen und Prozesse (interne Analyse) (vgl. ebd.). Auch schafft sie die informationellen Voraussetzungen für Managemententscheidungen und die Formulierung von Strategien (vgl. Bea/Haas 2005: 59). Die strategische Analyse entspricht daher genau den Anforderungen der vorzunehmenden Untersuchung.

Bei der externen Analyse wird die Unternehmensumwelt als Analyseeinheit verwendet. Die interne Analyse greift traditionell auf das Unternehmen selbst als Untersuchungseinheit zurück. In den letzten Jahren gewinnt allerdings das Geschäftsmodell als Analyseeinheit zunehmend an Popularität (vgl. Stähler 2002: 31f.) und wird auch in dieser Arbeit für die interne Analyse herangezogen.

2.1 Unternehmensumwelt als Analyseeinheit

Die Umweltanalyse wird dem sogenannten marktorientierten Ansatz des strategischen Managements zugeordnet (vgl. Welge/Al-Laham 2003: 99). Begründer des marktorientierten Ansatzes ist Michael E. Porter (vgl. Bea/Haas 2005: 26). Er griff bei der Entwicklung seines Konzepts auf die Ideen der Industrieökonomik zurück und gab dem strategischen

Management eine neue Denkrichtung (vgl. Hungenberg 2004: 60). Der marktorientierte Ansatz betrachtet das Unternehmen von außen, genauer aus Sicht des Absatzmarktes (*Outside-in*-Perspektive). Wettbewerbsvorteile werden als Produkt der Marktstruktur und des strategischen Verhaltens eines Unternehmens auf dem Markt angesehen (vgl. Bea/Haas 2005: 26). Die Analyse der Umwelt hat zum Ziel, relevante Umweltsegmente zu identifizieren und daraus Chancen und Risiken abzuleiten (vgl. Welge/Al-Laham 2003: 187). Es kann zwischen dem Markt als Mikro-Umwelt und der weiteren Unternehmensumwelt, der Makro-Umwelt, unterschieden werden (vgl. Hungenberg 2004: 86).

Die Makro-Umwelt besteht aus dem ökonomischen, technologischen, regulativen und dem gesellschaftlichen Umfeld eines Unternehmens (vgl. Bea/Haas 2005: 90, 104ff.). Im Rahmen dieser Arbeit interessieren vor allem das regulative sowie das technologische Umfeld. Das regulative Umfeld definiert sich insbesondere durch staatlich vorgegebene Rahmenbedingungen und die Gesetzgebung, die auf das wirtschaftliche Handeln von Unternehmen einwirken (vgl. Hungenberg 2004: 90). Bei einer Analyse der Musikindustrie müssen vor allem die Regelungen des Urhebergesetzes und die im Musikbereich relevanten staatlich organisierten Verwertungsgesellschaften berücksichtig werden.

Das technologische Umfeld umfasst technologische Entwicklungen, die zu veränderten Arbeitsprozessen in Wirtschaftsunternehmen und allgemein auch zu tief greifenden strukturellen Veränderungen der relevanten Märkte führen. Derzeit dient das E-Business als Beispiel für eine technologische Entwicklung, die in vielen Branchen rasant zu Veränderungen führt und auch in dieser Arbeit eine zentrale Rolle spielt. Die Analyse des technologischen Umfelds hat das Ziel, technologiegetriebene Veränderungen nachvollziehen und bewerten zu können (vgl. Hungenberg 2004: 91).

Die Mikro-Umwelt, bzw. der Markt, stellt die engere Unternehmensumwelt dar, die aus den Wettbewerbern, den Nachfragern und den Lieferanten eines Unternehmens besteht. Bei der Analyse des Marktes sind eine Abgrenzung des relevanten Marktes sowie die Ermittlung der Marktattraktivität vorzunehmen. Zunächst werden die relevanten Wettbewerber und Nachfrager identifiziert. Im zweiten Schritt wird untersucht, welche Renditen ein Markt zukünftig verspricht und wie hoch die Marktattraktivität demzufolge einzuschätzen ist (vgl. Bea/Haas 2005: 90f., 104ff.).

Ein grundlegendes Verfahren zur Untersuchung der Marktstruktur ist die sogenannte Marktanalyse. Sie erfolgt anhand der Bewertung quantitativer und qualitativer Marktdaten, von denen die auf einem Markt erzielbaren Renditen abhängig sind (vgl. Lombriser/Abplanalp 2004: 108). Unter anderem werden Marktvolumen, Marktform, Marktteilnehmer, Marktanteile der größten Konkurrenten, Kundenstruktur und Kaufmotive untersucht (vgl. Lombriser/Abplanalp 2004: 108; Bea/Haas 2005: 96ff.). Ergänzend zur Marktanalyse werden in der Regel die Wettbewerbskräfte einer Branche genauer untersucht, um daraus ableiten zu können, wie attraktiv eine Branche für die agierenden Unternehmen ist. Dafür stehen eine Vielzahl unterschiedlicher Modelle und Verfahren zur Verfügung, die alle versuchen, die wichtigsten Einflussgrößen des Wettbewerbs möglichst umfassend zu systematisieren. Das bekannteste dieser Modelle, das Modell der *five forces* zur Branchenstrukturanalyse, stammt vom Begründer des marktorientierten Ansatzes Michael E. Porter (vgl. Hungenberg 2004: 98; vgl. Bea/Haas 2005: 95). Der Grundgedanke von Porters Modell besteht darin, dass die Branchenstruktur das strategische Verhalten der Marktteilnehmer bestimmt. Da das Verhalten der Marktteilnehmer wiederum den Markterfolg beeinflusst, besteht demnach auch ein indirekter Zusammenhang zwischen Branchenstruktur und Erfolg (vgl. Hungenberg 2004: 98). Abbildung 1 zeigt die fünf wesentlichen Wettbewerbskräfte *(forces)* nach Porter.

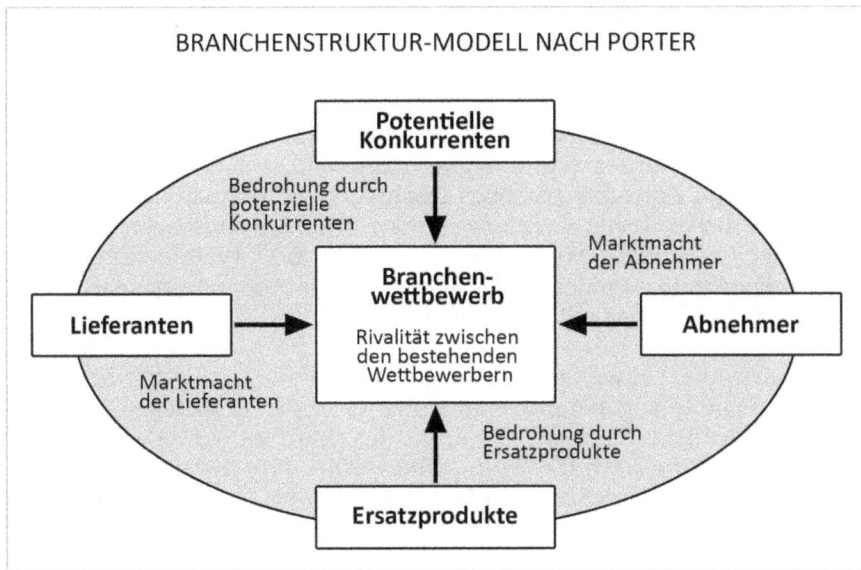

Abb. 1: Branchenstruktur-Modell nach Porter
(Quelle: Hungenberg 2004: 99).

Die Wettbewerbskräfte bestehen aus der Gefahr des Markteintritts durch neue Marktteilnehmer, der Rivalität unter den bestehenden Wettbewerbern, der Gefahr durch Ersatzprodukte, der Verhandlungsstärke von Kunden und der Verhandlungsstärke von Lieferanten (vgl. Porter 1999: 36). Je stärker diese Wettbewerbskräfte in einer Branche auftreten, desto unattraktiver ist sie und desto schwieriger ist es für ein Unternehmen, langfristig Wettbewerbsvorteile zu erzielen (vgl. Hungenberg 2004: 61).

Anhand Porters Modell können die Chancen und Risiken einer Branche erkannt werden. Auf Basis dieser Erkenntnis können dann Strategien abgeleitet werden, die die entdeckten Erfolgspotenziale effizient nutzen und gleichzeitig darauf abzielen, die erkannten Risiken zu umgehen (vgl. Hungenberg 2004: 103).

Eine Alternative zu Porters *five forces* Modell ist das ähnlich strukturierte *Coopetition* Konzept von Brandenburger/Nalebuff. Das Kunstwort *Coopetition* ist aus den Begriffen *Competition* (Wettbewerb) und *Cooperation* (Kooperation) zusammengesetzt (vgl. Stieglitz 2004: 95). Genau wie Porters *five forces* Modell berücksichtigt es eine Konkurrenzsituation, darüber hinaus jedoch auch die Tatsache, dass es für Unternehmen vorteilhaft sein kann, mit den anderen Marktteilnehmern zu kooperieren (vgl. Hungenberg 2004: 105). Das Konzept weist allerdings auch einige Schwächen auf. Es stellt keine eigenständige Theorie des strategischen Handelns dar, sondern lediglich eine Erweiterung der marktorientierten Strategielehre nach Porter. Die Erklärung der Wettbewerbsvorteile ist letztlich unvollständig und greift auf die Erklärungsmuster von Porters Modell zurück (vgl. Stieglitz 2004: 97f.), was eine Anwendung des *Coopetition* Konzepts erheblich erschwert und weshalb das *five forces* Modell in dieser Arbeit vorgezogen wird. Die zugrunde liegende Sichtweise der *Coopetition*, Abnehmer, Lieferanten und Wettbewerber nicht nur als Bedrohung sondern auch als potentielle Kooperationspartner zu sehen, wird allerdings mitberücksichtigt.

Im Rahmen der Umweltanalyse ist es meist sinnvoll, die Wettbewerber einer Branche in sogenannte strategische Gruppen einzuteilen, um eine bessere Übersicht über die Struktur des Marktes zu erlangen (vgl. Welge/Al-Laham 2003: 188; Hungenberg 2004: 126). Strategische Gruppen bestehen aus Unternehmen, die bezüglich bestimmter strategischer Dimensionen, wie etwa dem Grad der Spezialisierung, der Wahl der Distributionskanäle oder dem Grad der vertikalen Integration, ein homogenes oder zumindest ähnliches strategisches Verhalten aufweisen (Lombriser/Abplanalp 2004: 107; Welge/Al-Laham 2003: 227). Im Normalfall gibt es in einer Branche mehrere strategische Gruppen. Die Branche kann aber auch in seltenen Fällen aus einer einzigen strategischen Gruppe bestehen oder eine so heterogene Struktur aufweisen, dass jedes Unternehmen der Branche eine eigene strategische Gruppe darstellt (vgl.

Hungenberg 2004: 126; Lombriser/Abplanalp 2004: 108). Die Einteilung einer Branche in strategische Gruppen ergibt für die Branchenstruktur-analyse nach Porter, dass der Einfluss von Wettbewerbskräften gruppen-spezifisch zu untersuchen ist (vgl. Welge/Al-Laham 2003: 227).

Die Major Labels weisen untereinander sehr ähnliche Unternehmens-strukturen auf. So haben sich alle Majors durch die Übernahme von Unternehmen aus anderen Leistungsbereichen, wie z.B. der Tonträger-pressung, aber auch durch die Eingliederung zahlreicher kleiner Labels zu hoch integrierten Unternehmen entwickelt (vgl. Kulle 1998: 137). Auch verfügen alle Majors international über einen Mindestmarktanteil von zehn Prozent (vgl. Mahlmann 2003: 194f.). Auch lässt sich vor allem als Reaktion auf das Internet ein beinahe analoges strategisches Verhal-ten der Major Labels beobachten (Kapitel 5). Aufgrund ihrer ähnlichen Strukturen und Strategien werden die Majors als strategische Gruppe verstanden. Sie stehen im Mittelpunkt der in dieser Arbeit durchgeführ-ten strategischen Analyse. Ziel ist es aufzuzeigen, welche Strategieoptio-nen den Major Labels als strategische Gruppe auf dem neuen Internet-musikmarkt zur Verfügung stehen. Die Independent Labels werden ebenfalls als strategische Gruppe zusammengefasst. Zwar sind die Inde-pendents wesentlich heterogener, weisen aber dennoch einige Ähnlich-keiten bezüglich Struktur, Marktverhalten und strategischer Ausrich-tung auf. Independent Labels sind in der Regel deutlich geringer inte-griert (vgl. Reineke 2000: 90), bearbeiten Marktnischen (vgl. Friedrichsen 2008: 21) und arbeiten hauptsächlich mit nationalen Künstlern (vgl. Ren-ner 2008a: 379). Auch neue Konkurrentengruppen auf dem Internetmu-sikmarkt, wie bspw. die Anbieter von Streaming-Portalen oder Musik-tauschbörsen, werden zu strategischen Gruppen zusammengefasst, so dass die enorme Vielzahl an neuen Wettbewerbern trotzdem differen-ziert erfasst werden kann.

Im Rahmen der Umweltanalyse des traditionellen Tonträgermarktes als Teil der strategischen Analyse in Kapitel 4, werden zwei sich ergänzende Verfahren eingesetzt, um die Markt- und Wettbewerbsstruktur zu unter-suchen: die Marktanalyse und die Branchenstrukturanalyse nach Porter zur Untersuchung der Branchenattraktivität, die aus genannten Gründen dem *Coopetition* Konzept vorgezogen wird. Schwerpunkte der Marktana-lyse liegen auf der Untersuchung des Marktpotenzials, indem die Marktgröße und die Umsatzentwicklung der Musikindustrie der letzten Jahre betrachtet werden, sowie auf der Analyse der Anbieter- und Nach-fragestruktur. Die Ergebnisse der strategischen Analyse werden in Kapi-tel 5.3 erneut aufgegriffen, um zu betrachten, in wie fern sich die Markt-struktur und die Wettbewerbsverhältnisse durch das Aufkommen des Internets als neues relevantes Medium verändert haben.

2.2 Geschäftsmodell als Analyseeinheit

Ein Geschäftsmodell ist eine Annäherung an die wirkliche Organisation eines Unternehmens. Es stellt in abstrahierter Form dar, welche Ressourcen dem Unternehmen zur Verfügung stehen, wie diese durch den Leistungserstellungsprozess in Produkte oder Informationen umgewandelt werden und welchen Nutzen die Unternehmung mit ihren Produkten für Kunden und Wertschöpfungspartner hat – kurz, wie ein Geschäft funktioniert (vgl. Wirtz 2001: 211.; Kraus 2005: 104; Stähler 2002: 42). Das Geschäftsmodell erlaubt eine systematische Betrachtung der unternehmenseigenen Erfolgsfaktoren und die Identifizierung von Stärken und Schwächen der Geschäftsstrategie (vgl. Kraus 2005: 105).

Das Geschäftsmodell wird seit dem Aufkommen der Internetökonomie vermehrt als Analyseeinheit im strategischen Management genutzt (vgl. Kraus 2005: 103f.; Stähler 2002: 37). Markt- und Ressourcenorientierung wurden im strategischen Management bisher meist als gegensätzliche Untersuchungsansätze gewertet. Im Gegensatz zu der *Outside-in*-Perspektive des marktorientierten Ansatzes, blickt der ressourcenorientierte Ansatz auf die interne Unternehmensstruktur. Es wird davon ausgegangen, dass der Erfolg von Unternehmen nicht allein in der Branchenstruktur und dem Verhalten eines Unternehmens in dieser Branche begründet liegt, sondern eher in den unternehmensspezifischen Ressourcen und Fähigkeiten (vgl. Lombriser/Abplanalp 2004: 141; Welge/Al-Laham 2003: 98f.). Das Geschäftsmodellkonstrukt zeigt jedoch einerseits auf, welchen Nutzen Kunden und Wertschöpfungspartner durch das Unternehmen haben, beinhaltet andererseits aber auch die Architektur der Leistungserstellung des Unternehmens. Die bisherige diametrale Sichtweise im strategischen Management kann durch das Geschäftsmodell als Analyseeinheit aufgehoben werden, indem interne Unternehmensfaktoren unter Berücksichtigung der externen Rahmenbedingungen untersucht werden (vgl. Kraus 2005: 104; Stähler 2002: 36f.).

Ungeachtet des wachsenden Interesses, liegt in der Literatur noch kein einheitliches Begriffsverständnis eines Geschäftsmodells vor (vgl. Kraus 2005: 103). Die verschiedenen Modellvorschläge unterscheiden sich vor allem bezüglich des inhaltlichen Schwerpunkts und der Modellstruktur. Trotz der teilweise großen Abweichungen, ergänzen die verschiedenen Modelle sich aber meist und sind nicht widersprüchlich zueinander (vgl. Stähler 2002: 41). Auch weisen sie zahlreiche Übereinstimmungen auf, vor allem was die Integration der Gestaltung der Leistungserstellung, eines Ertragsmodells und einer Produkt-/Markt-Zuordnung sowie die Orientierung am Kundennutzen betrifft (vgl. Kraus 2005: 111). Stähler untersuchte die bisher in der Literatur vorhandenen Geschäftsmodellansätze auf Übereinstimmungen und Abweichungen. Er identifizierte die

Schwächen der Modelle, nahm Verbesserungen vor und entwickelte daraus ein neues Konzept des Geschäftsmodells (vgl. Stähler 2002: 36ff). Sein Modellvorschlag besteht aus den Bestandteilen Value Proposition (Nutzenversprechen), Architektur der Leistungserstellung und dem Ertragsmodell (Abbildung 2):

BESTANDTEILE EINES GESCHÄFTSMODELLS NACH STÄHLER

VALUE PROPOSITION (Nutzenversprechen)
Für Kunden und Wertschöpfungspartner

ARCHITEKTUR DER LEISTUNGSERSTELLUNG
Produkt-/Marktentwurf
Interne und externe Architektur
Grad der Stabilität der Architektur

ERTRAGSMODELL

Abb. 2: Bestandteile eines Geschäftsmodells nach Stähler
(Quelle: Eigene Darstellung, in Anlehnung an Stähler 2002: 47)

Die interne Architektur besteht aus den unternehmenseigenen Ressourcen sowie den Stufen der Wertschöpfung und stellt die Kernprozesse des Unternehmens dar. Die externe Architektur zeigt die Schnittstellen zu den Kunden und Partnern auf, die zur Erfüllung der Value Proposition beitragen, indem sie die Aktivitäten des Unternehmens komplettieren. Das Geschäftsmodell bestimmt zudem, ob die Wertschöpfung des Unternehmens langfristig stabil oder eher flexibel gestaltet werden soll. Das Ertragsmodell als dritter Bestandteil beinhaltet die Quellen, aus denen das Unternehmen Umsätze generieren soll und definiert die Vorgehensweise der Umsatzgenerierung. Bestehen mehrere Erlösquellen, ergibt die Zusammensetzung der verschiedenen Quellen das Ertragsmodell (vgl. Stähler 2002: 42ff.).
In Kapitel 4.3 wird anhand des Geschäftsmodellkonzepts von Stähler das traditionelle Geschäftsmodell der Tonträgerhersteller betrachtet. In den Kapiteln 5.5 und 6, die sich mit den veränderten Marktbedingungen durch den Einfluss des Internets und den daraus resultierenden Konsequenzen für die Plattenfirmen beschäftigen, werden die Ergebnisse noch

einmal herangezogen. Es wird untersucht, ob das Geschäftsmodell auf dem durch neue Medien veränderten Markt noch durchsetzbar ist und welche Veränderungen des Geschäftsmodells zukünftig nötig sein werden, um im ‚Internetzeitalter' erfolgreich zu sein.

3 Medienmanagement

Die relativ neue Disziplin der Medienmanagementlehre als Teil der Betriebswirtschaftslehre beschäftigt sich mit den ökonomischen, insbesondere den betriebswirtschaftlichen, Aspekten der Medienwirtschaft sowie den politischen und wirtschaftlichen Rahmenbedingungen des Mediensektors (vgl. Wirtz 2005: 7). Das Management von Musik stellt eine branchenspezifische Ausprägung des Medienmanagements dar und hat die Unternehmen der Musikwirtschaft und ihre Unternehmensumwelt im Fokus (vgl. Wirtz 2005: 5). Die Medienmärkte und -produkte weisen im Vergleich zu anderen Branchen einige spezifische Charakteristika auf, die bei sämtlichen Aufgaben des Medienmanagements berücksichtigt werden müssen (vgl. Burmann/Nitschke 2003: 68). Der derzeitige Wandel der Medienbranche stellt insbesondere das strategische Medienmanagement auf Unternehmensgesamtebene vor eine große Herausforderung (vgl. Wirtz 2005: 80).

3.1 Wissenschaftstheoretische Einordnung

In der Betriebswirtschaft wird zwischen allgemeiner und spezieller Betriebswirtschaftslehre unterschieden (vgl. Breyer-Mayländer/Werner 2003: 7; Wirtz 2005: 6). Die allgemeine Betriebswirtschaftslehre beschäftigt sich mit betrieblichen Sachverhalten, die alle Unternehmen unabhängig von Branche oder Rechtsform betreffen. Die spezielle Betriebswirtschaftslehre befasst sich hingegen mit bestimmten Wirtschaftszweigen, wie bspw. der Bankbetriebslehre (vgl. Kaspar/Ortelbach 2006: 3). Auch die Medienbetriebslehre stellt eine spezielle Betriebswirtschaftslehre dar, die sich mit der Identifizierung, Beschreibung und Lösung von Problemen der Medienbetriebe beschäftigt (vgl. Breyer-Mayländer 2004: 16; Wirtz 2005: 6). Anders als z.B. die Handels- und Bankbetriebe, stand die Medienbetriebslehre bisher nicht im Fokus der betriebswirtschaftlichen Forschung. Erst in den letzten Jahren ist sie ins Zentrum des Interesses gerückt. Diese Entwicklung ist vor allem durch das Internet als neues Medium und der damit verbundenen zunehmenden Nachfrage nach Informationen durch Unternehmen und Konsumenten forciert worden (vgl. Hess 2002: 13).

Um das Verhältnis von Medienmanagement und Medienbetriebslehre zu klären, wird die Managementlehre zunächst in ihre drei Teilbereiche Personalführung, Unternehmensforschung und Unternehmensführung zerlegt (vgl. Staehle 1999: 72f.). Personalführung als verhaltenswissenschaftliches Teilgebiet und Unternehmensforschung als formalwissenschaftlicher Teil sind jeweils im Bereich der allgemeinen BWL angesiedelt und können hier unberücksichtigt bleiben (vgl. Wirtz 2005: 11). Das dritte Teilgebiet der Unternehmensführung bildet den betriebswirtschaftlichen Teil des Managements (vgl. Staehle 1999: 72). Wirtz definiert Unternehmensführung folgendermaßen:

> Unternehmensführung kann als die Gesamtheit derjenigen Handlungen der verantwortlichen Akteure bezeichnet werden, welche die Gestaltung und Abstimmung (Koordination) der Unternehmens-Umwelt-Interaktion im Rahmen des Wertschöpfungsprozesses zum Gegenstand haben und diesen grundlegend beeinflussen. (Wirtz 2005: 11)

Das Medienmanagement bzw. hier das Musikmanagement als Teildisziplin, beschäftigt sich ausschließlich mit der Unternehmensführung von Medienbetrieben als Teil der Medienbetriebslehre (vgl. ebd.). Auch unabhängig von der Medienbranche dominiert in der Managementliteratur der Teilbereich der Unternehmensführung. Oft werden die Begriffe Management und Unternehmensführung gleichgesetzt (vgl. Staehle 1999: 74). Auch in dieser Arbeit werden die beiden Begriffe synonym verwendet.

3.2 Grundlagen der Medienbranche

Setzt man die Musikindustrie mit der Tonträgerindustrie gleich, ist sie dem Mediensektor zuzuordnen (vgl. Kromer 2008: 21f.). Der Begriff Medium wird im Rahmen der verschiedensten wissenschaftlichen Disziplinen behandelt. In der Soziologie beschäftigt man sich mit dem Medium im Sinne gesellschaftlicher Interaktion; in der Massenkommunikationsforschung und der Publizistikwissenschaft stellt das Medium einen technischen Kanal dar; in der Medienwissenschaft und der Einzelmedientheorie versteht man unter einem Medium ein ästhetisches Kommunikationsmittel. Es gibt also keine einheitliche Definition dieses Begriffs. In der Wissenschaft hat sich aber weitgehend eine Unterteilung in Primärmedien, Sekundärmedien und Tertiärmedien durchgesetzt. Primärmedien sind Medien, die ohne den Einsatz von Technik auskommen, wie beispielsweise das Theater. Sekundärmedien basieren hingegen auf einem Technikeinsatz auf der Produktionsseite – ein Beispiel ist die Zeitung. Tertiärmedien benötigen den beidseitigen Technikeinsatz, also auf Produktions- und Rezeptionsseite, wie z.B. der Tonträger. Mittlerweile wird häufig auch von Quartärmedien gesprochen, bei denen nicht nur die Produktion und Rezeption, sondern auch die Distribution auf (Digital-)technik basiert. Ein Beispiel ist das Internet (vgl. Faulstich 2005: 13; Luzar 2004: 31). Eine weitere traditionelle Klassifizierung des Medienbegriffs unterscheidet zwischen Printmedien und elektronischen Medien. Der Tonträger ist bei dieser Differenzierung als elektronisches Medium zu sehen (vgl. Zerdick et al. 2001: 49).

Die eigentlichen Produkte der Medienunternehmen sind jedoch nicht die Trägermedien, sondern Informationen und Unterhaltungsinhalte (vgl. Beck 2002: 6). Dies wird auch aus folgenden Abgrenzungen der Medienbranche deutlich: Beck definiert Medienunternehmen als Unternehmen, „die sich mit der Beschaffung, Selektion, Aufbereitung, Verwertung, Bündelung und dem Vertrieb von Informationen oder Unterhaltung beschäftigen" (2002: 5). Auch Burmann/Nitschke grenzen die Unternehmen des Mediensektors nach ihrer Leistungsausrichtung ab:

> Nach den gängigen Abgrenzungen umfasst die Medienbranche alle Unternehmen, die Informationen, Unterhaltung oder Werbung produzieren, verarbeiten oder distribuieren und nicht als Telekommunikations-, Software- oder Hardwareunternehmen für die technische Infrastruktur verantwortlich sind. (Burmann/Nitschke 2003: 67)

Informationen weisen, wenn auch eingeschränkt, die Eigenschaften öffentlicher Güter auf, womit sie sich von anderen Gütern grundlegend unterscheiden: Eine Information kann von vielen Personen gleichzeitig wahrgenommen und konsumiert werden, ohne dass sich diese gegenseitig einschränken oder stören. Auch Musik ist letztlich nur eine Abfolge von Informationen. Lädt ein Nutzer einen Musiktitel aus dem Internet herunter, kann das danach trotzdem noch jeder andere Nutzer tun (vgl. Beck 2002: 294). Informationen sind deshalb durch die sogenannte Nichtrivalität im Konsum gekennzeichnet (vgl. Beck 2002: 6f.; Wirtz 2005: 28.). Auch unterliegen Informationen dem sogenannten Nichtausschlussprinzip, das besagt, dass niemand am Konsum von Informationen gehindert werden kann. Sind Informationen erst einmal veröffentlicht, können sie beliebig oft reproduziert und konsumiert werden (vgl. Beck 2002: 9f.; Wirtz 2005: 28). Durch die Kopplung von Informationen mit einem physischen Trägermedium (z.B. CD) werden die Eigenschaften der Nichtrivalität sowie der Nichtausschließbarkeit eingeschränkt. Denn jeder, bestimmte Musiktitel konsumieren möchte, muss eine Kopie erwerben. Derjenige, der keine Kopie erwirbt, ist vom Musikkonsum ausgeschlossen (vgl. Huber 2008: 164). Für digitale Medienprodukte sind die Eigenschaften der Nichtrivalität und Nichtausschließbarkeit jedoch charakteristisch, weshalb digitale Inhalte als sogenannte quasi-öffentliche Güter gelten (vgl. Burmann/Nitschke 2003: 68). Diese Besonderheiten erklären die starke Anfälligkeit digitaler Medienprodukte für Datenpiraterie, welche in der Musikindustrie bereits sehr stark ausgeprägt ist, aber auch in der Film- und Printbranche immer mehr Relevanz hat (vgl. Voregger

2004: online). Auch die Kostenstruktur von Medienprodukten weist gegenüber Produkten anderer Branchen Besonderheiten auf. Charakteristisch für die Produkte der Medienunternehmen sind hohe und risikoreiche Fixkosten sowie sehr geringe variable Kosten. Diese Eigenart der Kostenstruktur wird *First-copy-cost* Phänomen genannt. Vor allem bei digitalen Inhalten, die keinen physischen Datenträger mehr benötigen, gehen die variablen Kosten nahezu gegen null. Je höher also die Vervielfältigung digitaler Inhalte, desto besser (vgl. Ringlstetter et al. 2003: 734; Beck 2002: 9).

Betrachtet man die obige Definition von Medienunternehmen von Burmann/Nitschke genauer, fällt auf, dass die Autoren ausdrücklich Unternehmen der Telekommunikations-, Software- und Hardwarebranche ausschließen. Der Grund dafür liegt in der zunehmenden Schwierigkeit, die Branchen voneinander getrennt zu betrachten. Die ursprünglich weitgehend unabhängig voneinander agierenden Bereiche Medien, Telekommunikation und Informationstechnologie wachsen immer mehr zu einer integrierten Medien- und Kommunikationsbranche zusammen. Dieser Prozess wird als Konvergenz bezeichnet. Unter Konvergenz wird sowohl die Annäherung der Technologien der betroffenen Branchen, die Verschmelzung der Wertschöpfungsketten sowie allgemein das Zusammenwachsen der Märkte verstanden (vgl. Zerdick et al. 2001: 140).
Die technologische Grundlage des Konvergenzprozesses bildet die Digitalisierung (vgl. Burmann/Nitschke 2003: 67). Die IT-Branche arbeitete schon immer mit digitalen Daten. Der Telekommunikationssektor rüstete die Netze nach und nach auf digitale Technik um, und auch im Bereich der Medien hält die digitale Technologie immer stärker Einzug (vgl. Zerdick et al. 2001: 140f.). Die Digitalisierung ist nicht nur die Basis für die Konvergenz der Branchen, sie trägt auch zu der rasanten Entwicklung innerhalb der neu entstandenen Branche bei. Durch die Möglichkeit, Medieninhalte in digitalisierter Form zu verbreiten entstanden eine Vielzahl neuer Optionen: Interaktives digitales Fernsehen, Internetradio und digitale Musikdistribution, Onlineausgaben von Printmedien – Computer und Internet werden immer mehr zum Mittelpunkt von Kommunikation und Medienkonsum (vgl. Beck 2002: 325). Weitere Triebkräfte der Konvergenz sind die Aufrüstung der Netze im Telekommunikationssektor sowie Kapazitätssteigerungen im IT-Sektor. Auch die Deregulierung des einstmals stark regulierten Telekommunikationsmarktes hat zum Konvergenzprozess beigetragen (vgl. Zerdick et al. 2001: 141). Die Folgen der Konvergenz sind veränderte Mediennutzungsgewohnheiten und ein schärferer Wettbewerb der Marktteilnehmer um die Aufmerksamkeit des Konsumenten. Mit der Verschmelzung der Branchen ist die Zahl der untereinander konkurrierenden Unter-

nehmen deutlich gestiegen (vgl. Beck 2002: 325, 331). Der Mediensektor als Inhalte produzierende Industrie steht aufgrund der Konvergenz der Branchen vor einer großen Herausforderung: „Geschwindigkeit, Interaktivität und mediale Aufbereitung stellen neue, hohe Anforderungen an die Medienunternehmen." (Wattendorff 2002: 61)

3.3 Aufgaben des Medienmanagements

Ganz allgemein wird die Aufgabe des Managements in Unternehmen darin gesehen, „den gesamten Leistungsprozess und den damit verbundenen Gütereinsatz so zu koordinieren, dass die Ziele des Unternehmens erreicht werden können" (Hungenberg 2004: 20). Das Management steht zur eigentlichen Leistungserbringung in einer komplementären Beziehung, indem es die Aufgaben der Beschaffung, Produktion und des Absatzes von Gütern überlagert und verknüpft (vgl. ebd.). Managementaufgaben sind auf allen Hierarchieebenen eines Unternehmens zu bewältigen, auch wenn sich dabei Art und Umfang deutlich unterscheiden. Diese Vielfalt an Managemententscheidungen kann zu voneinander abgrenzbaren Aufgabenfeldern des Managements gebündelt werden. In der Literatur wird weitgehend übereinstimmend von der Trennung zwischen strategischem und operativem Management ausgegangen (vgl. Lombriser/Abplanalp 2004: 30). Hungenberg grenzt zusätzlich das normative Management als Teilbereich ab und geht somit von den drei hierarchisch aufeinander aufbauenden Aufgabenfeldern normatives, strategisches und operatives Management aus (2004: 23; vgl. Bleicher 2004: 80; Breyer-Mayländer 2004: 27ff.).
Die Aufgaben des normativen Managements bestehen darin, das Selbstverständnis des Unternehmens zu definieren, das in der Vision, der Mission und den grundlegenden Zielen seinen Ausdruck findet. Das strategische Management hat die Aufgabe, die normativen Ansprüche zu erfüllen, indem Strategien formuliert, ausgewählt und umgesetzt werden. Die Marktposition des Unternehmens sowie die Ressourcenbasis werden im Rahmen des strategischen Managements langfristig geplant. Damit wird der Handlungsrahmen geschaffen, an dem sich das operative Management bei der Strategieumsetzung orientiert (vgl. Hungenberg 2004: 23f.). Das operative Management weist im Gegensatz zum strategischen Management in der Regel einen kurzfristigen Charakter auf (vgl. Lombriser/Abplanalp 2004: 30). Es hat zur Aufgabe, über konkrete Maßnahmen in den einzelnen Funktionsbereichen des Unternehmens zu entscheiden und die Beziehungen zwischen den Funktionsbereichen abzustimmen (vgl. Hungenberg 2004: 24f.).

Die wesentlichen strategischen Entscheidungen eines Unternehmens sind langfristigen Charakters und werden auf Unternehmensgesamtebene entwickelt (vgl. Bea/Haas 2005: 171). Klassifiziert man die verschiedenen Strategieoptionen, die einem Medienunternehmen zur Verfügung stehen, kann grob zwischen Fokussierungsstrategien, Integrationsstrategien und Netzwerkstrategien unterschieden werden (vgl. Wirtz 2005: 81ff.).

Spezialisiert sich ein Unternehmen auf eine bestimmte Wertschöpfungsstufe, um in diesem Bereich eine Führungsposition zu erreichen, spricht man von einer Fokussierungsstrategie. Ein Beispiel sind TV-Produktionsunternehmen, die sich darauf spezialisiert haben, Nachrichtenbeiträge zu produzieren. Die Vorteile der Fokussierung liegen in der Möglichkeit, Kosten- oder Differenzierungsvorteile erlangen zu können. Es hat sich allerdings gezeigt, dass Fokussierungsstrategien in der Medienbranche weniger geeignet sind (vgl. Wirtz 2005: 81).

Aufgrund der branchenspezifisch hohen Fixkosten, nehmen Größe und Wachstum durch Strategien der Integration in der Medienindustrie eine besondere Stellung ein (vgl. Ringlstetter et al. 2003: 735). Im Gegensatz zu Fokussierungsstrategien, haben Integrationsstrategien das Ziel, das Leistungsspektrum eines Unternehmens zu erweitern. Dies kann sowohl über eine interne Leistungserweiterung als auch über Fusionen und Übernahmen erfolgen (vgl. Wirtz 2005: 81ff.). Horizontale Integrationsstrategien werden eingesetzt, um das Leistungsspektrum auf bereits bearbeiteten Wertschöpfungsstufen zu erweitern und neue Märkte oder Marktsegmente zu erschließen (vgl. Ringlstetter et al. 2003: 729). Horizontale Integrationsstrategien äußern sich in der Musikindustrie bspw. in der Übernahme kleinerer Labels durch die Majors (vgl. Wirtz 2005: 480). Vertikale Integrationsstrategien verfolgen hingegen das Ziel, die Leistungen des Unternehmens auf vor- oder nachgelagerte Märkte zu erweitern (vgl. Ringlstetter et al. 2003: 729). Die Majors verfolgen vertikale Integrationsstrategien, indem sie z.B. Presswerke oder Musikverlage aufkaufen (vgl. Wirtz 2005: 480). Die Sicherung von Beschaffungs- und Absatzmärkten sowie die Abschöpfung von Margen weiterer lukrativer Wertschöpfungsstufen, sind die Hauptziele vertikaler Integrationsstrategien. Erweitert ein Unternehmen seine Leistungen auf fremde oder neu entstehende Märkte, spricht man von lateraler Integration (vgl. Wirtz 2005: 82). Ein Beispiel aus der Musikindustrie bietet das Label Virgin Records, aus der 1984 die Fluggesellschaft Virgin Atlantic entstand (vgl. Wirtz 2005: 481).

Als weitere Option stehen einem Unternehmen Netzwerkstrategien zur Verfügung. Sie beinhalten die Bildung von Unternehmensgruppen, um gemeinsam an einem Wertschöpfungsprozess zu arbeiten. Auch bei Netzwerkstrategien kann zwischen einer horizontalen, vertikalen und lateralen Ausprägung unterschieden werden (vgl. Wirtz 2005: 83). Im Gegensatz zur Integrationsstrategie behalten die Unternehmen jedoch ihre rechtliche Unabhängigkeit. Beispielhaft für laterale Kooperation kann die Zusammenarbeit von Sony BMG und dem US-amerikanischen Mobilfunkanbieter Verizon Wireless genannt werden. Zum einen stellt Sony BMG für die Kunden von Verizon mobile Musikinhalte wie Klingeltöne und Star-Logos bereit, zum andern führen die Kooperationspartner gemeinsame Marketingprogramme durch (vgl. Wirtz 2005: 481). Der Leistungserstellungsprozess besteht bei der Netzwerkstrategie aus den verschiedenen Teilleistungen der kooperierenden Unternehmen. Jedes der Unternehmen erbringt diejenige Teilleistung, für die es am besten qualifiziert ist. Die Teilleistungen werden am Ende des Leitungserstellungsprozesses zu einer Gesamtleistung zusammengefügt und am Markt angeboten. Auf diese Weise können die Kosten- und Differenzierungsvorteile der Fokussierungsstrategie mit den Vorteilen der Integrationsstrategie verknüpft werden. Besonders die Medienbranche zeichnet sich zurzeit durch hohe Komplexität und eine hohe Innovationsgeschwindigkeit aus, so dass es für viele Unternehmen immer schwieriger wird, aus eigener Kraft heraus, marktfähige Produkte anbieten zu können. Kooperationen können unter solchen Marktbedingungen sehr hilfreich sein. Nachteile von Netzwerkstrategien sind in der oft geringen Stabilität der Netzwerke zu sehen und in der Gefahr, dass das unternehmenseigene Knowhow zur Konkurrenz gelangt (vgl. Wirtz 2005: 83f.).

Der Erfolg eines Unternehmens hängt letztlich bei jeder der Strategieoptionen vom Markterfolg, d.h. von den Ergebnissen auf dem Absatzmarkt, ab. Marketing nimmt aus diesem Grund eine wesentliche Rolle im Unternehmen ein (vgl. Bea/Haas 2005: 525). Es wird in der Regel als duales Führungskonzept aufgefasst, das einerseits als Leitbild des Managements dient, andererseits als gleichberechtigte Unternehmensfunktion (vgl. Meffert 2005: 6). Marketing wird definiert als „Planung, Koordination und Kontrolle aller auf die aktuellen und potenziellen Märkte ausgerichteten Unternehmensaktivitäten" (Meffert 2005: 8). Die Unternehmensziele sollen durch eine dauerhafte Befriedigung der Kundenbedürfnisse erreicht werden (vgl. ebd.). Die Kernaufgabe des Marketings liegt in der Entwicklung einer Marketingkonzeption und der Implementierung der Konzeption in das unternehmerische Gesamtkonzept (vgl. Wirtz 2005: 95). Grundlage dafür ist die Marktforschung, die eine wichtige Aufgabe des Marketings darstellt. Relevante marktbezogene Daten werden erhoben und ausgewertet, um die Ergebnisse der Auswertung zur Entwicklung einer Marketingkonzeption nutzen zu können. Beispiele für absatzmarktbezogene Daten sind Informationen über Nachfragebedürfnisse und -verhalten sowie über die Angebote und das Verhalten der Wettbewerber (vgl. Welge/Al-Laham 2003: 435; Bea/Haas 2005: 525f.).

Eine Marketingkonzeption besteht aus den drei hierarchisch aufeinander aufbauenden Ebenen Marketingziele, Marketingstrategien und Marketing-Mix (vgl. Meffert 2005: 62). Die Marketingziele werden direkt aus den übergreifenden Unternehmenszielen abgeleitet (vgl. Wirtz 2005: 95). Die Marketingstrategien legen fest, auf welche Art und Weise langfristig die Erfüllung der Marketingziele erfolgen soll. Die dritte Ebene bildet der Marketing-Mix. Der Marketing-Mix besteht aus der Kombination der aufeinander abgestimmten Marketinginstrumente aus den Bereichen Produktpolitik *(product)*, Preispolitik *(price)*, Kommunikationspolitik *(promotion)* und Distributionspolitik *(place)* und dient der Umsetzung der festgelegten Marketingstrategien (vgl. Meffert 2005: 971). Die Gliederung in *product, price, promotion* und *place (4 P's)* der Marketinginstrumente hat sich in der Literatur weitgehend durchgesetzt (vgl. Kröger 2002: 21, Wirtz 2005: 95). Zwischen den einzelnen Instrumenten des Marketing-Mix bestehen vielfältige Wirkungsbeziehungen. So können z.B. bestimmte kommunikationspolitische Maßnahmen Auswirkungen auf die mögliche Höhe des Absatzpreises für ein Produkt haben (vgl. Meffert 2005: 970).

Die Produktpolitik ist das zentrale Aktionsfeld im Rahmen des Marketing-Mix (vgl. Eckardt/Funck 2001: 71; Meffert 2005: 327). Ein Produkt kann materieller oder immaterieller Natur sein (vgl. Eckardt/Funck 2001: 71) und besteht aus den Komponenten Produktkern, Zusatzeigenschaften (z.B. Design), Verpackung bzw. Gestaltung des tangiblen Umfeldes bei Dienstleistungen, Basisdienstleistungen, Zusatzdienstleistungen und schließlich der Produktmarke (vgl. Homburg/Krohmer 2006: 564f.). Ein Produkt wird definiert als „ein Bündel von Eigenschaften, das auf die Schaffung von Kundennutzen (jedweder Art) abzielt" (Homburg/Krohmer 2006: 563). Alle Entscheidungen bzgl. des Produktangebots sind im Rahmen der Produktpolitik dementsprechend so zu treffen, dass die Bedürfnisse und Ansprüche der Kunden befriedigt werden. Die Entwicklung von Produktinnovationen sowie die Verbesserung, Ergänzung oder Elimination bereits etablierter Produkte (Produktvariationen und -differenzierung) sind zentrale Aufgaben der Produktpolitik (vgl. Meffert 2005: 327). Neben den Produkten selbst, ist auch die Wahrnehmung der Produkte durch die Kunden elementar für den Unternehmenserfolg. Die Lenkung der Kundenwahrnehmung ist Aufgabe des Markenmanagements, einem weiteren Teilbereich der Produktpolitik (vgl. Homburg/Krohmer 2006: 557).

Die Preispolitik beinhaltet alle Entscheidungen im Hinblick auf den Produktpreis, der vom Kunden entrichtet werden muss (vgl. ebd.). Entscheidungsfelder stellen die Preisbestimmung für neue Produkte bzw. des Produktprogramms, Preisänderungen, Preisdifferenzierung, die Gestaltung von Rabatt- und Bonussystemen sowie die Durchsetzung der Preise dar. Der tatsächlich am Markt erzielbare Preis gibt den wirtschaftlichen Rahmen für alle zu treffenden Entscheidungen in einem Unternehmen vor (vgl. Homburg/Krohmer 2006: 670; Bea/Haas 2005: 528).

Die Wahl der Absatzwege, einschließlich der vertraglichen Beziehungen mit dem Handel sowie distributionslogistische Entscheidungen (Wahl der Transportmittel und -wege), ist Kernaufgabe der Distributionspolitik (vgl. Bea/Haas 2005: 528, Swoboda/Schwarz 2003: 763). Grundsätzlich kann zwischen direktem und indirektem Vertrieb unterschieden werden. Beim Direktvertrieb übernimmt der Hersteller den Vertrieb selbst, was den Vorteil mit sich bringt, dass der Hersteller die Möglichkeit hat, direkt mit dem Endkunden in Kontakt zu treten. Auch bleibt die Handelsspanne beim Hersteller. Nachteile des Direktvertriebs sind, neben den höheren Kosten, der eventuell geringere Distributionsgrad (vgl. Swoboda/Schwarz 2003: 766). Beim indirekten Vertrieb erfüllen Absatzmittler die marketingpolitischen Aufgaben im Endkundenmarkt. Der Vorteil liegt darin, dass die Markterfahrenheit und das Servicenetz des Handels genutzt werden kann, ohne selbst die Kosten und das Risiko für eine direkte Vertriebsstruktur investieren zu müssen (vgl. ebd.).

Die Kommunikationspolitik umfasst sämtliche Entscheidungen hinsichtlich der Kommunikation des Unternehmens am Markt (vgl. Homburg/Krohmer 2006: 558). Anhand kommunikationspolitischer Maßnahmen wird versucht, auf Kenntnisse, Einstellungen und Verhaltensweisen von Marktteilnehmern gegenüber den Unternehmungsleistungen einzuwirken (vgl. Bea/Haas 2005: 528; Eckardt/Funck 2001: 84). Wesentliche Entscheidungen im Rahmen der Kommunikationspolitik betreffen die Ziele und Zielgruppen der Kommunikation, die Höhe des Kommunikationsbudgets, die Verteilung des Budgets auf die verschiedenen Werbemittel und Werbeträger sowie die äußere Gestaltung der Kommunikation (vgl. Homburg/Krohmer 2006: 558). Die Kommunikation kann über verschiedene Instrumente erfolgen. Zu den traditionellen Kommunikationsinstrumenten gehören u.a. die klassische Werbung (z.B. Print- oder Fernsehwerbung), Public Relations, Verkaufsförderung sowie auch Messen und Ausstellungen (vgl. Meffert 2005: 679; Eckardt/Funck 2001: 88f.). Moderne Instrumente sind beispielsweise Online-, Mobile Marketing und Sponsoring sowie als übergeordnete integrative Konzepte die Corporate Identity und das Customer Relationship Management, das den Aufbau langfristiger Kundenbeziehungen beinhaltet (vgl. Bea/Haas 2005: 528; Homburg/Krohmer 2006: 818ff.). In der Musikindustrie spielen vor allem Promotion und Werbung eine Rolle. Im Gegensatz zur klassischen Werbung, ist Promotion ‚ungekaufte' Werbung durch den redaktionellen Einsatz der Musikproduktionen in den Medien (vgl. van Hoff/Mahlmann 2005: 138). Vor allem Kommunikations- und Distributionspolitik werden heute intensiv durch die neuen Medien unterstützt. Durch den Einsatz multimedialer Technik können Produkte zielgruppengerecht und relativ kostengünstig präsentiert werden (vgl. Bea/Haas 2005: 529).

4 Strategische Analyse des traditionellen Tonträgermarkts

Im Mittelpunkt der folgenden Untersuchung der Musikbranche stehen der traditionelle Musikmarkt vor dem Aufkommen des Internets sowie die dominierenden Marktakteure, die Major Labels. Um den derzeitigen technologiegetriebenen Wandel des Musikmarkts besser nachvollziehen zu können, wird die Entstehung der traditionellen Musikindustrie anhand der wichtigsten technologischen Entwicklungen aufgezeigt. Neben dem technologischen Umfeld, nehmen auch das regulative Umfeld als Teil der weiteren Unternehmensumwelt sowie der Markt als unmittelbare Unternehmensumwelt großen Einfluss auf das Geschäftsmodell der Plattenfirmen.

4.1 Historie relevanter technologischer Entwicklungen

Die Entstehung der heutigen Musikindustrie begann mit der Erfindung des Phonographen von Thomas Alva Edison im Jahr 1877. Erstmals konnten Töne mechanisch transportiert werden (vgl. Kromer 2008: 46), wodurch es möglich wurde, Musik vom unmittelbaren Aufführungszusammenhang zu lösen und unabhängig von Zeit und Ort zu hören (vgl. Wetzel 2004: 195f.). Zehn Jahre später, im Jahr 1887, entwickelte der Deutschamerikaner Emil Berliner die Erfindung Edisons weiter, indem er statt einer Walze eine flache kreisende Zinkscheibe als Tonträger einsetzte (vgl. Kromer 2008: 46). Seine Erfindung erlaubte erstmals eine grenzenlose Vervielfältigung des Tonträgers und ist als Vorläufer des späteren elektrischen Plattenspielers anzusehen (vgl. Wicke 1997: online). Der Tonträger machte Musik von da an zu einem handelbaren Gut und bildete die Ausgangslage für die Musikwirtschaft (vgl. Wetzel 2004: 195f.). Die ersten Plattenfirmen wurden gegründet und eine der erfolgreichsten war die Columbia Phonograph Company, später Columbia Records – die älteste noch immer existierende Tonträgerfirma der Welt. Seit 1988 ist sie in den Sony Music Konzern integriert (vgl. Wicke 1997: online).

Die erste Phase der Musikindustrie war hauptsächlich technologiedominiert. Der Wettbewerb zwischen den konkurrierenden Unternehmen wurde zum größten Teil über die gerätetechnische Seite ausgetragen. Die Verbesserung der Geräte und der Verfahrenstechnik der Klangspeicherung standen im Mittelpunkt des damaligen Wettbewerbs der Musikunternehmen (vgl. ebd.). 1920 (1923 in Deutschland) nahm der Rundfunk in den USA seinen regelmäßigen Betrieb auf (vgl. Kromer 2008: 47). Durch die bessere Klangqualität der gesendeten Live-Musik im Vergleich zu den Tonträgern und die kostenfreie Verfügbarkeit für die Hörer, entwickelte sich der Rundfunk zu einer starken Konkurrenz der Tonträgerindustrie. Die Umsätze der Tonträgerunternehmen gingen zwischen 1922 und 1933 enorm zurück, während die Zahl der verkauften Rundfunkempfänger im selben Zeitraum stark anwuchs (vgl. Wicke 1997: online). Zunächst hatten die Tonträgerhersteller den aufkommenden Rundfunk nicht ernst genommen. Doch als die Umsatzkrise ihrer Industrie einsetzte, wurde der Rundfunk von den Plattenfirmen als Sündenbock für die wirtschaftliche Misere erklärt und mit allen Mitteln bekämpft (vgl. Tschmuck 2008: 144). Den Weg aus dieser ersten Krise fand die Musikindustrie jedoch letztendlich, durch die Kooperation mit dem Rundfunk. Die Tonträgerhersteller überließen den Sendern kostenlos Schallplatten für die Verwendung in deren Programm und profitierten von dem kostenlosen Werbeeffekt der Ausstrahlung. Zudem begannen die Tonträgerhersteller mehr auf die Bedürfnisse der Kunden einzugehen und eigene Repertoirestrukturen aufzubauen (vgl. Wicke 1997: online).

Nicht nur technologische Neuerungen, sondern auch ökonomische und politische Entwicklungen hatten großen Einfluss auf die Geschichte der Musikindustrie. Die Weltwirtschaftskrise hatte ab 1929 katastrophale Auswirkungen und ließ vor allem kleinere Musikunternehmen zusammenbrechen (vgl. Kromer 2008: 34; Wicke 1997: online). Es kam zu Zusammenschlüssen und Übernahmen der Tonträgerhersteller, um mit Größenvorteilen der wirtschaftlichen Krise entgegenzustehen. Am Ende blieben einige wenige hoch integrierte Unternehmen als einzige übrig. Film-, Schallplatten-, Verlags-, Rundfunk- und Elektrobranche wuchsen mehr und mehr zu einer Einheit zusammen. Innerhalb der Firmenkonglomerate entstanden jedoch klar abgegrenzte Tonträgerbereiche, die den Musikmarkt als eigenständiges Feld systematisch bearbeiteten (vgl. Wicke 1997: online). Nachdem der Zweite Weltkrieg die Entwicklung der Musikindustrie zunächst zu einem Halt brachte, konnten die Tonträgerhersteller, nachdem sie sich wieder von den Kriegsfolgen erholt hatten, durch eine Reihe technologischer Neuerungen eine stetige Wachstumsphase antreten. Die Aufnahmequalität wurde durch die Erfindung des Magnettonbands 1935 erheblich verbessert und Vinyl wurde als neues Trägermaterial eingeführt, was eine Verlängerung der Spielzeit erlaubte. In Deutschland wurde 1951 die Langspielplatte eingeführt, zwei Jahre später die außerordentlich erfolgreiche Single (vgl. Kromer 2008: 47; Wicke 1997: online). Außerdem kam das Fernsehen als neuartiges Massenmedium auf den Markt und verhalf der Musikindustrie zu neuen Vermarktungsmöglichkeiten ihrer Produkte. Eine Vielzahl an Neugründungen folgte und es entstanden vor allem kleine unabhängige Tonträgerfirmen, die sich auf bestimmte Musikgenres bzw. regionalspezifische Musik spezialisierten und die großen Musikkonzerne, die Majors, in einem immer stärker fragmentierten Markt umgaben. Viele dieser Labels wurden von den Majors als Sublabels[9] übernommen. Ein Beispiel ist das 1959 durch Berry Gordy gegründete, als legendär geltende Label Motown Records. Durch die Produktion und Vermarktung erfolgreicher afroamerikanischer Popmusik entwickelte sich Motown Records zum ersten schwarzen Unterhaltungskonzern in den USA. 1988 wurde das Unternehmen vom amerikanischen Medienunternehmen MCA (Music Corporation of America) aufgekauft, das heute zur Universal Music Group gehört. Weitere große Musikunternehmen entstanden vor allem durch Label-Neugründungen erfolgreicher Hollywood-Filmproduzenten, die ursprünglich zur Verwertung von Filmmusik aufgebaut wurden. So z.B. die Gründung von Warner Brothers Records durch die Warner Brothers Filmgesellschaft im Jahr 1958 (vgl. Wicke 1997: online). Das so entstandene Unternehmen Warner Music Group ist heute eines der vier Major Labels.

Der Elektronikkonzern Philips etablierte sich ab den 1960er Jahren zu einem der Haupttreiber bei der Weiterentwicklung von Tonträgern (vgl. Stähler 2002: 262). 1963 führte Philips die Musikkassette ein (vgl. Kromer 2008: 47), einen komplett neuen Tonträger auf dem Konsumentenmarkt seit der Erfindung der Schallplatte. Der Konsument hatte von nun an die Möglichkeit, selbst Musik aufzunehmen und je nach Geschmack und Laune zusammenzustellen. Auch wurde Musik mit der Einführung entsprechender Hardware portabel und konnte im Auto und auf dem Walkman, der 1979 eingeführt wurde, als ständiger Begleiter gehört werden (vgl. Stähler 2002: 262; Kromer 2008: 48). Als bespielbare Kassetten auf den Markt kamen, reagierte die Musikindustrie aus Angst vor Umsatzrückgängen abweisend und versuchte mit einer ,Hometaping is killing Music'-Kampagne an das Gewissen der Konsumenten zu appellieren (vgl. Renner 2008a: 30).

In den 1970er Jahren führte das Aufkommen der internationalen Pop- und Discomusikwelle (z.B. der Soundtrack zum Film SATURDAY NIGHT FEVER, 1977) zu noch stärkerem Wachstum. Die Musikindustrie war von Expansion und durchschnittlichen jährlichen Wachstumsraten von ca. 18 Prozent geprägt (vgl. Wetzel 2004: 197; Reineke 2000: 139). Anfang der 80er Jahre nahm der Aufschwung jedoch vorerst ein Ende. Musik-Kopiergeräte etablierten sich auf dem Markt und die Preise für Kassettenrekorder sanken 1984 deutlich. Im Zusammenspiel mit der damals schlechten Weltwirtschaftslage kam es zu Umsatzrückgängen von

---

[9]   Als Sublabels oder Unterlabels werden Labels bezeichnet, die in größeren Tonträgerunternehmen als Unterfirmen integriert sind (vgl. Friedrichsen et al. 2004: 25; Kulle 1998: 137).

durchschnittlich 4,1 Prozent jährlich zwischen 1980 und 1984 (vgl. Wetzel 2004: 197; Reineke 2000: 140).

Die Elektronikkonzerne Sony und Philips entwickelten Anfang der 1980er Jahre das erste digitale Trägerformat, die Compact Disc (vgl. Stähler 2002: 262; Kromer 2008: 48). Die Musikindustrie weigerte sich zunächst, das digitale Format zu akzeptieren und als Chance dafür anzusehen, die Musikkäufe wieder anzukurbeln, obwohl die Umsätze mit Vinyl Platten bereits wegbrachen (vgl. Renner 2008a: 34). Die CD wurde 1982 in die Märkte eingeführt und fand aufgrund der überlegenen Klangqualität schnell Akzeptanz bei den Kunden, so dass auch die Plattenfirmen ihre Bedenken schließlich aufgaben. 1984 brach ein wahrer Boom los, der bis Mitte der 1990er Jahre anhielt (vgl. Wetzel 2004: 197). 1988 wurden erstmals mehr CDs als Schallplatten verkauft (vgl. Stähler 2002: 262). Die Konsumenten ersetzten ihre Vinyl- und Kassettensammlungen durch das neue CD Format, was der Musikindustrie im Durchschnitt zu 14,9 Prozent jährlichem Wachstum verhalf (vgl. Wetzel 2004: 197). Im Jahr 1989 wurde das hohe Absatzniveau von 1978 erstmals mit 163,3 Millionen verkauften Longplay-Tonträgern übertroffen (vgl. Reineke 2000: 140).

Ab 1995 traten die Musikmärkte in Westeuropa sowie auch in den USA und Japan in die Reifephase und das Wachstum stagnierte zunehmend. Die Umstellungskäufe der Kunden auf CD waren größtenteils beendet (vgl. Wetzel 2004: 198; Reineke 2000: 142). Auch fehlte es an Produktinnovationen im Bereich der Trägermedien (vgl. Wetzel 2004: 198; Stein/Jakob 2003: 472). 1996 wurde die Digital Versatile Disc (DVD) als neuer audiovisueller Träger auf dem Markt eingeführt und drei Jahre später ergänzend die DVD Audio (DVD-A). Bei einer Kapazität von 17 Gigabyte kann auf eine DVD etwa 26-mal mehr Datenvolumen gespeichert werden als auf eine CD (vgl. Kromer 2008: 49). Auf dem Filmmarkt hat die DVD die Videokassette bereits ersetzt (vgl. Klein 2003: 84), auf dem Musikmarkt hat sich die DVD-A als Nachfolger der CD jedoch nicht durchgesetzt (vgl. Bundesverband Musikindustrie 2007a: 19). Die CD ist daher bis heute unverändert das dominierende Trägermedium (vgl. Wetzel 2004: 198).

Mit dem Aufkommen sogenannter CD-Brenner Mitte der 1990er Jahre verlor die CD ihren Status als nicht-duplizierbar. Mit Hilfe der CD-Brenner, die aufgrund der großen Nachfrage bald standardmäßig in PCs eingebaut wurden, kann eine originalgetreue Kopie einer CD ohne Qualitätsverlust erstellt werden (vgl. Eigen 2007: 46). Diese Möglichkeit wurde zunehmend von privaten Nutzern in Anspruch genommen. Für die Musikindustrie begann der Kampf gegen die Piraterie, die durch das Internet in den letzten Jahren noch deutlich zunahm (vgl. Friedrichsen et al. 2004: 32). Anfangs nur in der Forschung genutzt, wird das Internet seit dem Bestehen des World Wide Web (WWW) Anfang der 1990er Jahre immer stärker kommerziell und privat gebraucht (vgl. Kromer 2008: 48f.). Vor allem der Kompressionsstandard MP3, der Musikdateien ohne nennbaren Qualitätsverlust um ein vielfaches reduziert, hat kostenlose Downloads von Musik über illegale Tauschbörsen im Internet für die Nutzer interessant gemacht (Kapitel 5.2.1) (vgl. Eigen 2997: 46).

Seit 1998 hat die Musikindustrie mit sinkenden Umsätzen zu kämpfen und gibt in erster Linie der Piraterie die Schuld daran (vgl. Bundesverband Musikindustrie 2007a: 12; Wetzel 2004: 199). Es gab in der Geschichte der Musikindustrie immer wieder technologische Innovationen, die das unautorisierte Kopieren von Musik erleichterten, wie z.B. die Einführung des Kassettenrecorders. Diese Innovationen führten jedoch entgegen der Befürchtungen der Musikbranche nicht zum Ende der Industrie, sondern letztendlich zu neuen Märkten und Absatzmöglichkeiten für die Plattenfirmen (vgl. Wetzel 2004: 200f.). Die Musikindustrie erkennt das Internet heute zwar auch zunehmend als Chance für sich, zu einem großen Teil jedoch als Bedrohung ihres klassischen Geschäftsmodells, dem Verkauf von Tonträgern (vgl. Stähler 2002: 263). Auffällig ist, dass keine der technologischen Innovationen von der Musikindustrie gezielt entwickelt wurden, sondern hauptsächlich entlang allgemeiner technischer Erfindungen entstanden. Vor allem die Elektronikkonzerne und später die Computerindustrie forcierten den technischen Fortschritt (vgl. Kromer 2008: 45). Die Musikunternehmen unternahmen selbst nie den Versuch, aktiv zu werden und selbst Innovationen auf den Markt zu bringen, um die technologische Entwicklung selbst moderieren zu können (vgl. Renner 2008a: 42). Renner schlussfolgert:

> Es scheint, als würde sich die Innovationskraft der Musikfirmen in der Konzentration auf den Inhalt erschöpfen. Als gesellschaftliche Treiber agieren die Künstler und ihre Inhalte. Als Firmen werden sie weiterhin getrieben – von technologischen Neuerungen. (Renner 2008a: 42)

4.2 Regulatives Umfeld der Musikunternehmen

Es gibt in Deutschland kein spezielles Tonträgerrecht. Bei einer Untersuchung des regulativen Umfelds der Plattenfirmen kommt insbesondere das Urheberrecht zum Tragen, das durch eine Vielzahl von EU-Richtlinien geprägt ist (vgl. o.V. „Medienbericht" 2008: 58). Das Urheberrecht schützt die Urheber persönlicher geistiger Schöpfungen in den Bereichen Literatur, bildende Kunst und Musik. Im Bereich Musik sind die Urheber die Komponisten und Texter von Musikwerken (vgl. Eigen 2007: 29f.). Den Urhebern steht zusätzlich zum Urheberpersönlichkeitsrecht, das dem Schutz ideeller Interessen dient, ein vermögensrechtlicher Schutz zu. Der Urheber hat das alleinige Recht darüber zu entscheiden, ob und unter welchen Bedingungen sein Werk veröffentlich werden darf. Konkret bedeutet das, dass dem Urhebern das Recht der Vervielfältigung, der Verbreitung, der öffentlichen Zugänglichmachung, der Aufführung und der Sendung durch Bild- oder Tonträger sowie den Rundfunk vorbehalten ist. Bearbeitungen oder Umgestaltungen des Werkes dürfen ebenfalls nur mit seiner Einwilligung vorgenommen werden (vgl. Eigen 2007: 31; Wirtz 2005: 461). Im Urhebergesetz sind neben dem Schutz der Urheber auch die Leistungsschutzrechte für ausübende Künstler (§§ 73 ff. UrhG) und Tonträgerhersteller (§§ 85 ff. UrhG) geregelt. Geschützt wird, anders als beim Urheber, nicht das musikalische Werk an sich, sondern bei ausübenden Künstlern die interpretatorische, beim Tonträgerherstellung die unternehmerische Leistung (vgl. Eigen 2007: 35).

Die Verwaltung der Nutzungsrechte wird meist nicht durch die Berechtigten selbst vorgenommen, sondern erfolgt in der Regel durch Verwertungsgesellschaften. Diese haben die Aufgabe, „die Urheberrechte oder verwandte Schutzrechte treuhänderisch für eine große Zahl von Berechtigten zur gemeinsamen Auswertung wahrzunehmen" (Eigen 2007: 39) und sind der Aufsicht des Präsidenten des Deutschen Patentamtes unterstellt (vgl. Wirtz 2005: 461). Ihre Einnahmen werden nach Abzug des Sach- und Personalaufwands an die Rechteinhaber ausgeschüttet; die Verwertungsgesellschaften selbst dürfen keine Gewinne erzielen (vgl. ebd.). In der Musikwirtschaft spielen insbesondere die GEMA (Gesellschaft für musikalische Aufführungs- und mechanische Vervielfältigungsrechte) und die GVL (Gesellschaft zur Verwertung von Leistungsschutzrechten) eine große Rolle. Während die GEMA die Aufführungs- und Vervielfältigungsrechte der Urheber wahrnimmt, ist die GVL für die Leistungsschutzrechte der ausübenden Künstler und Tonträgerhersteller zuständig. Für den einzelnen Berechtigten ist es praktisch unmöglich, sämtliche Verwertungen seines Werkes oder seiner Leistung mitzuverfolgen, Nutzungsverträge mit den Verwertern zu schließen und die ihm zustehenden Vergütungen zu verlangen. Für Urheber und ausübende Künstler ist es wesentlich effektiver, diese Aufgabe in Form eines Wahrnehmungsvertrags an die Verwertungsgesellschaft zu übergeben (vgl. Eigen 2007: 39f.). Zudem wird pauschal ein bestimmter Anteil des Kaufpreises von CD- und DVD-Rohlingen an die GEMA abgeführt. Ebenso müssen Gerätehersteller und –importeure von CD- und DVD-Brennern, Tonbandgeräten und Videorekordern Gebühren an die GEMA zahlen (vgl. Wirtz 2005: 461). Neben diesen gesetzlich vorgeschriebenen Aufgaben der Verwertungsgesellschaften, profitieren Rechteinhaber von deren weiteren Nebenfunktionen. Die Verwertungsgesellschaften stellen aufgrund ihrer Größe und Stellung einen Ausgleich zu der Verhandlungsmacht der Tonträgerhersteller dar. Außerdem werden die Marktbeziehungen zwischen den einzelnen Akteuren erheblich vereinfacht, da die Verwertungsgesellschaften sowohl den Rechteinhabern als auch den Verwertern eine zentrale Anlaufstelle bieten (vgl. Eigen 2007: 40). Zudem erfüllen die Verwertungsgesellschaften eine Kontrollfunktion, die auch die Rechtsverfolgung bei Rechtsmissbrauch einschließt. Vor allem in den letzten Jahren hat die Musikbranche mit Urheberrechtsverletzungen zu kämpfen. Die häufigsten Verstöße gegen das Urheberrecht stellen unautorisierte Vervielfältigungen von Tonträgern bzw. die unautorisierte Verbreitung von Musik auf Datenträgern und über das Internet dar. Urheberrechtlich geschützte Musik wird kopiert, verbreitet und konsumiert, ohne dass die Berechtigten dafür entlohnt werden. Vor allem über Musiktauschbörsen im Internet werden massenhaft geschützte Musikdateien zum kostenlosen Download angeboten (vgl. Wirtz 2005: 462). Im Jahr 2007 wurden in Deutschland insgesamt 407 Millionen Musiktitel aus dem Internet heruntergeladen, wovon lediglich circa acht Prozent der Downloads aus legalen kostenpflichtigen Angeboten bestanden (vgl. Bundesverband Musikindustrie 2007a: 26). Die Musikindustrie hat für diese Rechtsverletzungen den Begriff Piraterie geprägt (vgl. Friedrichsen et al. 2004: 33). Sie versuchte der Piraterie zu entgegnen, indem sie begann, Tonträger und digitale Musikdateien mit einem Kopierschutz zu versehen – allerdings ohne großen Erfolg (vgl. Renner 2008a: 344f.).

Der deutsche Gesetzgeber reagierte auf diese Entwicklungen mit einer Neuerung des Urheberrechtsgesetzes, dem sogenannten Ersten Korb. Die Änderungen im Ersten Korb betreffen vor allem verbindliche EU-Vorgaben und die dahinter stehenden, im Rahmen der WIPO (World Intellectual Proberty Organization) getroffenen Vereinbarungen (WIPO-Urheberrechtsvertrag, WIP-Vertrag über Darbietungen und Tonträger) (vgl. Wirtz 2005: 462). Im Rahmen der Änderungen wurde in § 19a UrhG ein speziell auf die Internetauswertung zugeschnittenes exklusives Recht der öffentlichen Zugänglichmachung für Urheber und Leistungsschutzberechtigte geschaffen. Eine weitere Änderung des Ersten Korb betraf die Umgehung technischer Maßnahmen zum Schutz urheberrechtlich geschützter Inhalte (vgl. § 95a-d UrhG). Der Verbraucher darf zwar weiterhin Privatkopien von urheberrechtlich geschützten Werken anlegen (vgl. § 53 Abs. 1 UrhG), allerdings darf ein eventuell vorhandener Kopierschutz dabei nicht umgangen werden (vgl. Ventroni 2005: 55). Die Formulierung der neuen Regelung der Privatkopie erhielt jedoch eine Lücke im Gesetzestext, da lediglich die Kopie einer offensichtlich rechtswidrig hergestellten Vorlage verboten wurde. Mit dem Zweiten Korb des Urheberrechtsgesetzes, der am 1. Januar 2008 in Kraft trat, erfolgte eine Klarstellung bezüglich der digitalen Privatkopie, um die Nutzung illegaler Tauschbörsen klarer zu erfassen (vgl. BMJ 2007: online). Die Lücke in § 53 Abs. 1 UrhG wurde durch die bis dato fehlende Erwähnung des öffentlichen Zugänglichmachens geschlossen (vgl. Spindler 2008: 11). Durch diesen Zusatz wurde das Verbot ausdrücklich auf offensichtlich unrechtmäßig zum Download angebotene Vorlagen erweitert. Es können durch diese Klarstellung nicht mehr nur diejenigen Nutzer belangt werden, die unbefugt Musikdateien in Internettauschbörsen zur Verfügung stellen, sondern auch diejenigen, die Musikdateien durch das Herunterladen kopieren (vgl. BMJ 2007: online). Die Anzahl der verbotenerweise heruntergeladenen Dateien spielt dabei keine Rolle. Ursprünglich war eine politisch umstrittene Bagatellklausel im Rahmen des § 106 UrhG für den Zweiten Korb geplant, um eine „Kriminalisierung des Schulhofs" (Spindler 2008: 11) zu verhindern. Der Zweck der Klausel hatte darin bestanden, diejenigen zu schützen, die urheberrechtlich geschützte Werke nur in geringer Zahl und ausschließlich zum eigenen privaten Gebrauch unrechtmäßig vervielfältigten (vgl. Voregger 2005: online). Die Klausel wurde aber vor Inkrafttreten des Zweiten Korb wieder herausgenommen (vgl. Spindler 2008: 11).

4.3 Marktanalyse des physischen Tonträgermarkts

Der Markt als Mikro-Umwelt des Unternehmens besteht aus den Wettbewerbern, den Nachfragern sowie den Lieferanten (vgl. Bea/Haas 2005: 90f.). Die Untersuchung der wichtigsten Marktdaten sowie der Anbieter der marktrelevanten Produkte und der Attraktivität der Branche sind wichtige Bestandteile der externen Analyse als Teil der strategischen Analyse (vgl. Lombriser/Abplanalp 2004: 108). Die Ergebnisse der strategischen Analyse bilden die Grundlage für die Erstellung einer Managementkonzeption (vgl. Bea/Haas 2005: 59).

4.3.1 Marktübersicht

Der Tonträgermarkt stellt innerhalb der Musikwirtschaft den Kernmarkt dar. Mit einem Umsatz von ca. 1,7 Milliarden Euro und ca. 9.000 Beschäftigten ist die Musikindustrie eine relativ kleine Branche (vgl. Bundesverband Musikindustrie 2007a: 2). Musik ist aber auch Motor für andere Branchen (vgl. ebd.) und hat zusätzlich zur wirtschaftlichen auch kulturelle Relevanz (vgl. Jaspersen 2005: 385). Die Musikbranche beliefert beispielsweise den Hörfunk mit Musik, prägt nachhaltig das Angebot von Veranstaltungen und Konzerten und produziert die Inhalte, auf die die Herstellerfirmen von Audiogeräten angewiesen sind (vgl. Jaspersen 2005: 385; Bundesverband Musikindustrie 2007a: 2). Der Musikmarkt ist mit anderen Märkten eng verbunden. Es bestehen vor- und nachgelagerte sowie nebengelagerte und komplementäre Märkte. Zwischen den einzelnen Teilmärkten bestehen zahlreiche Abhängigkeiten (vgl. Friedrichsen et al. 2004: 19; Steinkrauß 2005: 25). Abbildung 3 stellt die Geschäftsinhalte der Musikwirtschaft dar.

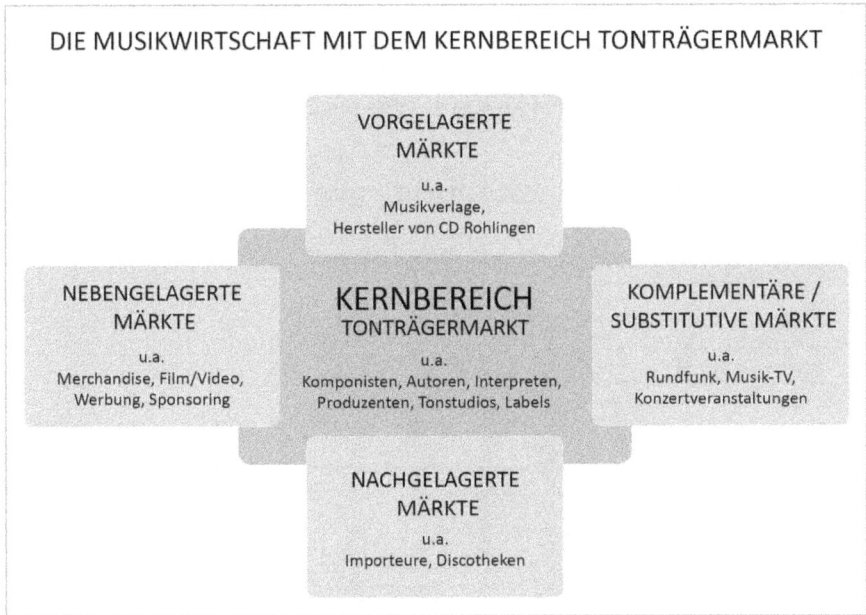

Abb. 3: Die Musikwirtschaft mit dem Kernbereich Tonträgermarkt
(Quelle: Eigene Darstellung, in Anlehnung an Friedrichsen et al. 2004: 19)

Der deutsche Musikmarkt nimmt auch im Jahr 2006, wie schon die Jahre zuvor, den vierten Platz unter den größten Tonträgermärkten weltweit ein (vgl. Bundesverband Musikindustrie 2007a: 58; Friedrichsen et al. 2004: 27). Deutschland hat einen Umsatzanteil von 6,6 Prozent am Weltmusikmarkt. Die USA nimmt mit großem Abstand den ersten Platz mit einem Anteil von 36,2 Prozent ein. Auf den Plätzen zwei und drei folgen Japan mit einem Weltmarktanteil von 16,6 Prozent und Großbritannien mit 10,2 Prozent. Der französische Tonträgermarkt liegt mit 5,3 Prozent hinter Deutschland (vgl. Bundesverband Musikindustrie 2007a: 58).
Innerhalb der gesamten deutschen Musikwirtschaft ist der Tonträgermarkt, der traditionell den wirtschaftlich bedeutendsten Teil ausmacht, am stärksten von den derzeitigen Umsatzrückgängen betroffen. Seit 1998

befindet sich der weltweite Tonträgermarkt, wie auch der deutsche, in einem Schrumpfungsprozess. Die stärksten Umsatzrückgänge waren in Deutschland zwischen 2001 und 2003 zu verzeichnen[10]. 2003 war der Umsatz um 17,5 Prozent gegenüber dem Vorjahr gesunken. Die Lage hat sich inzwischen ein wenig verbessert. Im Jahr 2007 ging der Umsatz gegenüber dem Vorjahr nur noch um 3,2 Prozent zurück (vgl. Bundesverband Musikindustrie 2007a: 13). Dennoch liegen die Umsätze aus 2007 39 Prozent unter denen aus 1998 (vgl. Bundesverband Musikindustrie 2007a: 9). Abbildung 4 zeigt die Entwicklung des Gesamtumsatzes des deutschen Tonträgermarktes von 1998 bis 2007.

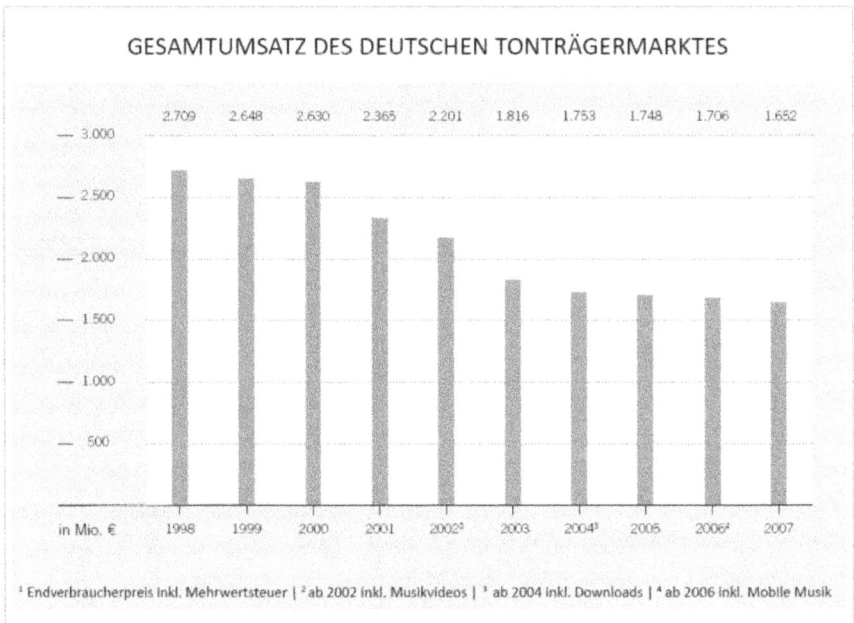

GESAMTUMSATZ DES DEUTSCHEN TONTRÄGERMARKTES

| | 2.709 | 2.648 | 2.630 | 2.365 | 2.201 | 1.816 | 1.753 | 1.748 | 1.706 | 1.652 |

in Mio. €   1998   1999   2000   2001   2002²   2003   2004³   2005   2006⁴   2007

¹ Endverbraucherpreis inkl. Mehrwertsteuer | ² ab 2002 inkl. Musikvideos | ³ ab 2004 inkl. Downloads | ⁴ ab 2006 inkl. Mobile Musik

Abb. 4: Gesamtumsatz des deutschen Tonträgermarktes
(Quelle: Bundesverband Musikindustrie 2007a: 13)

---

[10]   Die folgenden Umsatz- und Absatzzahlen beziehen sich auf den Umsatz und Absatz aller Mitglieder des Bundesverbandes Musikindustrie (ehemals Bundesverband der Phonographischen Wirtschaft), zu dem etwa 90 Prozent aller deutschen Tonträgerhersteller gehören. Der Bundesverband Musikindustrie ist die deutsche Vertretung der internationalen Interessenvertretung der Musikindustrie IFPI (International Federation of the Phonographic Industry) (vgl. Bundesverband Musikindustrie 2007b: online).

Der deutsche Musikmarkt hat sich im internationalen Vergleich in den letzten Jahren trotz allem positiv entwickelt. In anderen europäischen Ländern waren Umsatzrückgänge im zweistelligen Prozentbereich auch 2007 noch aktuell. Insgesamt wurden in Deutschland 2007 1,652 Milliarden Euro Umsatz aus dem Verkauf von CDs, Musik-DVDs, Downloads und Mobileangeboten generiert (vgl. Bundesverband Musikindustrie 2007a: 12).

Auffällig ist, dass der Anteil deutscher Produktionen in den deutschen Verkaufscharts in den letzten Jahren erheblich gestiegen ist. Im Jahr 2000 lag der Anteil deutscher Musik noch bei 19,5 Prozent, 2007 lag er bereits bei 38,8 Prozent und war mit der internationalen Konkurrenz (40,6 Prozent) fast gleich auf. Deutsche Musik war im Jahr 2007 also fast doppelt so häufig vertreten wie noch sieben Jahre zuvor (vgl. Bundesverband Musikindustrie 2007a: 44). Betrachtet man die Umsätze differenziert nach den verschiedenen Musikgenres, ist Pop nach wie vor als umsatzstärkstes Segment auszumachen. Abbildung 5 zeigt die Umsatzanteile der einzelnen Repertoiresegmente des Jahres 2007.

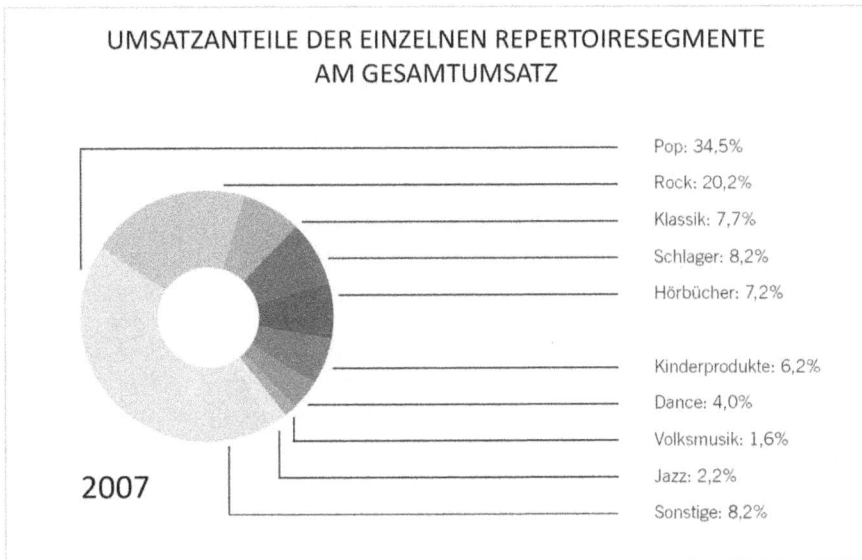

UMSATZANTEILE DER EINZELNEN REPERTOIRESEGMENTE
AM GESAMTUMSATZ

Pop: 34,5%
Rock: 20,2%
Klassik: 7,7%
Schlager: 8,2%
Hörbücher: 7,2%
Kinderprodukte: 6,2%
Dance: 4,0%
Volksmusik: 1,6%
Jazz: 2,2%
Sonstige: 8,2%

2007

Abb. 5: Anteile der einzelnen Repertoiresegmente am Gesamtumsatz
(Quelle: Bundesverband Musikindustrie 2007a: 47).

Das Popgenre verkaufte sich 2007 mit 34,5 Prozent Umsatzanteil am besten, der Anteil am Gesamtumsatz sank seit einigen Jahren allerdings stetig. 2002 lag der Anteil der Popmusik noch bei 43,6 Prozent. Das Rockgenre ist hingegen eines der wenigen, das erheblich an Umsatzanteil gewinnen konnte. Zwischen 1990 und 2007 stieg der Marktanteil des Rocksegments von 9 Prozent auf 20,2 Prozent an (vgl. Bundesverband Musikindustrie 2007a: 47). Dopp geht davon aus, dass der Grund des Erfolgs von Rock in der Authentizität und Emotionalität der Musik liegt (2003: 31f.). Aufgrund des sich zunehmend ausdifferenzierten Musikmarktes mit einer steigenden Anzahl verschiedener Subgenres, wird es allerdings zunehmend schwieriger, Genregrenzen zu ziehen (vgl. Dopp 2003: 30ff.).

Allgemein ist ein ansteigender Musikkonsum bei der deutschen Gesamtbevölkerung zu beobachten. Der Anteil der Musikkäufer ist 2007 leicht von 40,2 Prozent auf 41,4 Prozent gegenüber dem Vorjahr angestiegen und hat damit den höchsten Stand seit 2002 erreicht. 58,6 Prozent der Deutschen sind Nichtkäufer (vgl. Bundesverband Musikindustrie 2007a: 39). Mit einem Anteil von 26 Prozent an der Gesamtbevölkerung bilden Gelegenheitskäufer (ein bis drei Musikprodukte pro Jahr) die größte Käufergruppe und generieren 32 Prozent des Gesamtumsatzes. 10,5 Prozent sind Durchschnittskäufer (vier bis neun Musikprodukte), die auf 31 Prozent Umsatzanteil kommen. Eine kleine aber kaufkräftige Gruppe bilden die Intensivkäufer (mehr als neun Musikprodukte). Diese Gruppe macht zwar lediglich 4,9 Prozent der Gesamtbevölkerung aus, bildet aber die wichtigste Käufergruppe für die Musikindustrie mit einem Umsatzanteil von 37 Prozent (vgl. Bundesverband Musikindustrie 2007a: 39).

Das CD-Album ist nach wie vor mit Abstand das umsatzstärkste Musikmedium und generierte 2007 81 Prozent des Umsatzes. 2007 wurden rund 149 Millionen CD-Alben verkauft, was einen nur geringen Rückgang um 0,6 Prozent im Vergleich zum Vorjahr bedeutet. An zweiter Stelle stehen Musik-DVDs mit neun Prozent Umsatzanteil. Allerdings sank der Absatz der DVD im Jahr 2007 erstmals seit der Markteinführung. Die CD-Single verlor 2007 gegenüber dem Vorjahr drei Prozent Umsatzanteil und sank damit erstmals unter den Downloadumsatzanteil, der im Jahr 2007 bei etwa vier Prozent lag. Mobileangebote bildeten etwa zwei Prozent des Gesamtumsatzes und lagen mit diesem Ergebnis hinter den Erwartungen zurück. Bezieht man Klingeltöne in die Umsatzbetrachtung mit ein, wurden 2007 fast 50 Millionen digitale Musiktitel verkauft. Das entspricht einem Absatzwachstum des Downloadmarktes für einzelne Musiktitel um fast 40 Prozent innerhalb eines Jahres. Durch die niedrigen Margen können die Umsatzrückgänge im physischen Tonträgerbereich jedoch trotz der positiven Entwicklung im digitalen Bereich nicht aufgefangen werden. Dennoch sieht die Musikindustrie die

Zukunft im Digitalgeschäft (vgl. Bundesverband Musikindustrie 2007a: 14ff.).

Die Verbreitung von CD-Brennern ging seit 2003 kontinuierlich zurück. Aus Sicht der Musikindustrie ist der Rückgang eine positive Entwicklung. Lag der Absatz von CD-Rohlingen 2003 noch bei 702 Millionen Stück in Deutschland, wurden 2007 nur noch 391 Millionen CD-Rohlinge verkauft. Allerdings stieg der Absatz von DVD-Rohlingen im gleichen Zeitraum von 30 Millionen im Jahr 2003 auf 253 Millionen 2007. Wenn man bedenkt, dass eine DVD ein Vielfaches der Speicherkapazität einer CD aufweist, kann im Grunde genommen nicht von einem Rückgang des Absatzes von Leermedien gesprochen werden. Im Gegensatz zu CD-Rohlingen werden DVD-Rohlinge jedoch mehrheitlich mit Filmen bespielt und nicht mit Musik (vgl. Bundesverband Musikindustrie 2007a: 24f.; Eigen 2007: 41). Berücksichtigt man ausschließlich die Leerträger, die mit Musik bespielt werden, so entsprechen einem verkauften CD-Album drei gebrannte Kopien (vgl. Bundesverband Musikindustrie 2007a: 24f.). Bevor die CD eingeführt wurde und die LP den Markt dominierte, lag das Verhältnis von verkauften LPs zu Kopien auf Kassette nach Aussagen des Bundesverbands Musikindustrie bei zwei zu eins (2007a: 25).

4.3.2 Anbieter von Musik

Anbieter von Musik sind die Plattenfirmen, die häufig den gesamten Prozess von der Akquisition der Künstler bis hin zur Auslieferung der Tonträger an den Handel dominieren (vgl. Steinkrauß 2005: 25). Der Tonträgermarkt war lange Zeit von den sogenannten *Big Five*, bestehend aus Universal Music Group, Bertelsmann Music Group, Sony Music Entertainment, EMI Music und Warner Music Group, dominiert. Warner und EMI versuchten im Jahr 2000 zu fusionieren, der Versuch scheiterte aber aufgrund der ablehnenden Haltung der EU-Kommission (vgl. o.V. „Time-Warner und EMI" 2000: online). Im Jahr 2005 folgte dann jedoch eine erfolgreiche Fusion zwischen Sony Music und BMG (vgl. Eigen 2007: 44). Sony ist einer der größten Hersteller von Unterhaltungselektronik und Bertelsmann ein international tätiger Medienriese, der mit der RTL Group über den größten europäischen TV-Sender verfügt. Durch diese beiden Mutterkonzerne erreichte Sony BMG „eine neue Dimension der vertikalen und horizontalen Marktabdeckung (Steinkrauß 2005: 28). Ein Beispiel für die effektive Nutzung von Synergieeffekten ist die erfolgreiche RTL-Castingshow DEUTSCHLAND SUCHT DEN SUPERSTAR. Neben der Bertelsmann Tochter RTL, kann Sony BMG durch die Vermarktung des Castingsiegers zusätzliche Erlöse generieren (vgl. Steinkrauß 2005: 28f.). 2008 hat Bertelsmann seine Anteile des Joint Ventures Sony

BMG jedoch an Sony verkauft und ist mit diesem Schritt fast vollständig aus dem Musikgeschäft ausgestiegen. Das Label ist seitdem eine hundertprozentige Sony Tochter und wird unter dem Namen Sony Music Entertainment geführt (vgl. o.V. „Ausstieg bei Sony BMG" 2008: online). Die Sony Corporation stieg in erster Linie ins Musikgeschäft ein, um Inhalte für ihre Audiogeräte zu kreieren (vgl. Eigen 2007: 45). In der noch stärkeren Verknüpfung von Hardware und Inhalten liegt ein großes Potenzial von Sony Music (vgl. Steinkrauß 2005: 29). Die Firma Apple verfolgt diese Strategie zurzeit mit großem Erfolg. Sie nutzt ihr Musik-Downloadportal iTunes dazu, den Verkauf des MP3-Players iPod zu unterstützen (vgl. Kleitz 2007: online). Universal Music gehört zum internationalen Medienkonzern Vivendi und kann ähnlich wie Sony Music durch die Konzernzugehörigkeit von Synergieeffekten profitieren (vgl. Steinkrauß 2005: 29). Warner und EMI sind die beiden kleinsten Major Labels und gehören nicht zu übergeordneten Medienkonzernen. Da die Fusionsversuche der beiden Unternehmen scheiterten und weitere Zusammenschlüsse durch die Fusion von Sony und BMG aus wettbewerbsrechtlichen Gründen in Zukunft noch unwahrscheinlicher geworden sind, haben sie mittlerweile Schwierigkeiten, sich unter den derzeitigen Marktbedingungen zu behaupten (vgl. Steinkrauß 2005: 29f.). Die Tendenz der Majors zur Konzentration ist unter anderem damit zu begründen, dass das Geschäft der Plattenfirmen äußert risikobehaftet ist (vgl. Hummel 2003: 447). Üblicherweise spielen nur maximal 20 Prozent der produzierten Inhalte die Kosten wieder ein. Die hieraus erzielten Umsätze müssen die Kosten für die restlichen 80 Prozent der erfolglosen Produktionen mittragen (vgl. Renner 2008a: 154). Diese Besonderheit ist ein Grund, der zur enormen Größe und dem hohen Integrationsgrad der Majors geführt hat. Die horizontalen Integrationsstrategien der Labels haben zur Übernahme zahlreicher kleiner Labels und so zum zunehmenden Wachstum der Majors geführt. Vertikale Integrationen manifestieren sich in integrierten Aufnahmestudios, Musikverlagen und Presswerken sowie in eigenen Distributionsnetzwerken um von einem exklusiven Zugang zu den Vertriebskanälen des Handels zu profitieren (vgl. Reineke 2000: 89; Wirtz 2005: 480). Die Vorteile einer hohen Integration liegen vor allem in Kosteneinsparungen und Synergieeffekten, anhand derer die Majors das Geschäftsrisiko eindämmen können (vgl. Wetzel 2004: 220; Eigen 2007: 45).

Neben den jetzigen *Big Four* existieren in Deutschland etwa 1000 kleinere Independent-Tonträgerfirmen (kurz: Indies), die die restlichen etwa 20 – 25 Prozent Marktanteil unter sich aufteilen (vgl. Renner 2008a: 379). Der Begriff Independent steht in erster Linie für musikalische und wirtschaftliche Unabhängigkeit sowie für einen Gegenpol zur kommerziellen

Mainstream-Musikkultur (vgl. Vormehr 2003: 223). Den Großteil ihrer Umsätze macht die strategische Gruppe der Independents mit nationalen Künstlern (vgl. Renner 2008a: 379). Die meisten Independents verfügen im Gegensatz zu den Majors über deutlich weniger Kapital und einen wesentlich geringeren Integrationsgrad (vgl. Eigen 2007: 36f.; Reineke 2000: 90). Sie versuchen häufig durch Kooperationen untereinander, Kosteneinsparungen zu erreichen, um bei der Preisgestaltung ihrer Produkte mit den Majors mithalten zu können (vgl. Friedrichsen et al. 2004: 26). Die Größe der Independents ist allerdings sehr unterschiedlich und reicht vom Ein-Mann-Betrieb bis zu großen Plattenfirmen wie beispielsweise der Edel Music AG, Zomba Music oder ZYX, die ähnlich wie die Majors voll integriert mit eigenem Vertrieb arbeiten (vgl. ebd.). Die Lebensdauer der kleinsten Labels ist aufgrund der fehlenden finanziellen Ausstattung allerdings oft sehr kurz (vgl. Vormehr 2003: 231).

Zwischen den Majors und Independents hat sich eine Art friedliche Koexistenz herausgebildet (vgl. Steinkrauß 2005: 27). Ein Teil der größeren Independents konkurrieren zwar auf dem Massenmarkt mit den Major Labels (vgl. Friedrichsen et al. 2004: 26), die meisten Independent Labels bearbeiten jedoch Nischen mit einer speziellen Musikrichtung, in denen die Majors kaum vertreten sind, oder konzentrieren sich gar nur auf einige wenige Künstler (vgl. Eigen 2007: 36f.; Steinkrauß 2005: 30). Diese Spezialisierung birgt allerdings das Risiko, dass im Falle eines Nachfrageeinbruchs des vertretenen Musikgenres keine Ausweichmöglichkeiten auf ein anderes Repertoiresegment bestehen. Die Major Labels sind aufgrund dieses Risikos in allen Mainstream Genres vertreten (vgl. Reineke 2000: 90). Die Fokussierung auf ein bestimmtes Genre verhilft den Independents dafür aber zu einer wesentlich höheren Glaubwürdigkeit und Basisnähe. Sie sind den Major Labels in punkto Authentizität in den verschiedenen Musikszenen in der Regel klar überlegen (vgl. Reineke 2000: 86).

Durch den geringeren Integrationsgrad sind Independent Labels üblicherweise nur auf zwei oder drei Stufen der Musikwertschöpfungskette aktiv, während die Majors in der Regel sämtliche Wertschöpfungsstufen abdecken (vgl. ebd.). Sie konzentrieren sich mehr auf ihr Kerngeschäft, die Entdeckung und den Aufbau von Künstlern und Genres (vgl. Steinkrauß 2005: 30). Diese Fokussierung hat dazu geführt, dass viele der Independents ihre Unabhängigkeit deutlich einschränken mussten. Die meisten sind auf das internationale Vertriebsnetz der Majors angewiesen, da sie selbst nicht über ein vergleichbares verfügen. Auch sind Independent Labels häufig über Beteiligungsabkommen an die Majors gebunden und haben zum Teil den Status von Major-Independents, ähnlich einem Major-Sublabel, erlangt (vgl. Friedrichsen et al. 2004: 25; Wicke 1997: online). In den Bereichen A&R und Marketing, sowie im kaufmännischen Bereich, arbeiten die Independent Labels jedoch üblicherweise eigenständig (vgl. Friedrichsen et al. 2004: 26).

4.3.3 Branchenattraktivität

Eine Möglichkeit zur Bestimmung der Branchenattraktivität liegt in der Untersuchung der Wettbewerbskräfte (vgl. Bea/Haas 2005: 95). Es wird davon ausgegangen, dass die Attraktivität einer Branche vom Verhalten der Marktakteure abhängt, und deren Verhalten wiederum von der Branchenstruktur. Das hier verwendete Modell zur Bestimmung der Branchenattraktivität ist die Branchenstrukturanalyse von Porter, das sogenannte *five forces* Modell (vgl. Hungenberg 2004: 98). Porter geht von fünf wesentlichen Wettbewerbskräften aus, die nun für die traditionelle Musikbranche näher untersucht werden.

Eine der fünf Wettbewerbskräfte ist der Grad der Rivalität unter den bestehenden Wettbewerbern (vgl. Porter 1999: 50ff.). Übliche Formen von Wettbewerb sind der Preiswettbewerb, bei dem die Anbieter versuchen, wechselseitig ihre Preise zu unterbieten, und der Qualitätswettbewerb, bei dem versucht wird, Wettbewerbsvorteile durch hochwertige Produktqualität oder Zusatzleistungen zu erlangen (vgl. Welge/Al-Laham 2003: 203). Beide Arten des Wettbewerbs führen bei zunehmender Intensität aufgrund rückläufiger Preise oder steigender Kosten zu sinkenden Gewinnpotenzialen der agierenden Unternehmen, und so zu einer sinkenden Attraktivität der Branche (vgl. Hungenberg 2004: 102).
Das Beispiel Sony BMG und auch der Versuch einer Fusion zwischen Warner und EMI haben gezeigt, dass die Musikindustrie eine Tendenz zur Konzentration aufweist. Durch zahlreiche Unternehmenszusammenschlüsse und die Integration vieler Sublabels in ihre Unternehmensstruktur, haben die Majors ein enges Oligopol geschaffen, das in Deutschland über 80 Prozent des Tonträgermarkts ausmacht (vgl. Kromer 2008: 204; Steinkrauß 2005: 27). Je enger ein Oligopol gestaltet ist, desto geringer ist in der Regel der Wettbewerb (vgl. Lachmann 2004: 195). Auch unter den Majors ist zumindest der Preiswettbewerb sehr gering. Es hat sich auf dem Musikmarkt eine bestimmte Preisspanne durchgesetzt, die nur in wenigen Ausnahmefällen von den Wettbewerbern durchbrochen wird (vgl. Hutzschenreuter 2000: 116). Anders sieht es beim Wettbewerb um begehrte Künstler aus. Aufgrund der einheitlichen Preise für Tonträger schaut der Kunde in erster Linie auf Qualität. Er kauft die CDs derjenigen Künstler, die ihm musikalisch zusagen. Die Majors und auch die Independents sind also auf umsatzstarke bekannte Stars angewiesen, die regelmäßig und ohne großes Risiko für hohe Einnahmen sorgen. Der Wettbewerb um erfolgversprechende Künstler auf dem Beschaffungs-

markt ist daher als relativ hoch anzusehen (vgl. Kratzberg 2008: 20). Vor allem kleinere Independents Labels laufen Gefahr, dass Künstler ab einem bestimmten Erfolgsniveau zu den größeren Majors wechseln. Die kleineren Labels versuchen die Künstler daher mit einer persönlicheren Betreuung und mehr kreativem Freiraum auch nach den ersten Erfolgen an sich zu binden (vgl. Steinkrauß 2005: 30).

Nicht nur die Rivalität unter bestehenden Wettbewerbern wirkt sich auf die Branchenattraktivität aus, sondern auch der Markteintritt neuer Wettbewerber. Durch neue Mitbewerber kann sich der Markt erheblich verändern, oft zum Nachteil der bestehenden Anbieter. Neue Anbieter können etablierte Preisstrukturen durcheinanderbringen oder durch neue Geschäftsmodelle und Innovationen den Qualitätswettbewerb verstärken. Die Kosten für die etablierten Wettbewerber werden in beiden Fällen erhöht, wodurch die Rentabilität der Branche meist sinkt (vgl. Porter 1999: 37). Wie groß die Gefahr neuer Konkurrenten tatsächlich ist, hängt hauptsächlich von den sogenannten Markteintrittsbarrieren ab. Hohe Eintrittsbarrieren liegen z.B. dann vor, wenn Skaleneffekte (*economies of scale*) in einer Branche eine große Rolle spielen. Unter Skaleneffekten versteht man Kosteneinsparungen, die aufgrund der Ausweitung der Betriebsgröße entstehen (vgl. Söllner 2008: 13). Neuen Wettbewerbern, die anfangs meist eine geringere Größe aufweisen und die bei den Nachfragern noch unbekannt sind, entstehen durch die Skaleneffekte der etablierten Konkurrenten Kostennachteile (vgl. Hungenberg 2004: 99f.).

Betrachtet man die Markteintrittsbarrieren in der Musikindustrie, muss zunächst zwischen den beiden strategischen Gruppen der Majors und der Independents unterschieden werden. Die Majors profitieren durch ihre Größe und hohe Integration von Skaleneffekten, was es potenziellen neuen Anbietern sehr schwer macht, mit den Majors zu konkurrieren (vgl. Hutzschenreuter 2000: 116). Vor allem im Bereich der Distribution profitieren die Majors von den positiven Größeneffekten. Sie kontrollieren aufgrund ihrer engen Beziehungen zum Handel die Regalplätze und den Zugang zu den unterschiedlichen Absatzkanälen. Weitere Eintrittsbarrieren für neue Mitbewerber bestehen aus den hohen Fixkosten und der hohen Vermarktungskompetenz der Majors. Die Major Labels verfügen über einen enormen Marketingapparat und einen großen Erfahrungsvorsprung in der Künstlervermarktung. Sie wissen, wie man Musik erfolgreich auf den Markt bringt und Musiker zu internationalen Stars aufbaut. Eine weitere Eintrittsbarriere besteht im hohen Investitionsbedarf für den Aufbau und Unterhalt eines exklusiven Künstlerportfolios, den Aufbau der Tonträgerproduktion sowie für die Musikaufnahmen und -vervielfältigung (vgl. Steinkrauß 2005: 33). Es ist daher sehr kosten- und zeitintensiv, ein mit den Major Labels vergleichbares internationales System für die Produktion, Vervielfältigung, Distribution und Vermarktung der Tonträger aufzubauen. Vor allem kleineren Unternehmen wird der Zugang zur Gruppe der Majors durch die Markteintrittsbarrieren sehr schwer gemacht (vgl. Bauckhage 2002: 60). Die strategische Gruppe der Majors sieht sich demnach einer sehr geringen Gefahr durch den Eintritt neuer Wettbewerber gegenüber (vgl. Hutzschenreuter 2000: 116; Kratzberg 2008: 21). Die Independents werden hingegen eher mit neuen Wettbewerbern konfrontiert. Laufend steigen neue kleine Labels in den Markt ein. Jährlich gibt es eine Vielzahl von Neugründungen, von denen sich viele offiziell beim Bundesverband Musikindustrie registrieren lassen (vgl. Kromer 2008: 200f.). Insbesondere der aufkommende digitale Internetmusikmarkt weist nur niedrige Markteintrittsbarrieren auf, die bereits mühelos von zahlreichen neuen Anbietern mit innovativen Geschäftsmodellen überwunden wurden. Da sich diese Untersuchung der Branchenattraktivität jedoch auf den traditionellen physischen Musikmarkt beschränkt, wird dieses Thema an dieser Stelle nicht weiter vertieft, sondern an entsprechender Stelle (Kapitel 5) ausführlich behandelt.

Die Marktmacht der Lieferanten und die der Kunden nehmen ebenfalls Einfluss auf die Branchenattraktivität. In der Tonträgerindustrie bestehen die Lieferanten einerseits aus den Künstlern, Musikern und eigenständigen Musikproduzenten, andererseits aus den Herstellern der Tonträgerrohlinge (vgl. Hutzschenreuter 2000: 115). Die Marktmacht der sogenannten Creative Community kann z.B. darin bestehen, höhere Gewinnbeteiligungen oder bessere Vertragsbedingungen zu fordern (vgl. Welge/Al-Laham 2003: 203). Je höher die Verhandlungsstärke der Lieferanten, umso geringer ist in der Regel die Gewinnspanne der Labels (vgl. Bea/Haas 2005: 99). Die Plattenfirmen sind aufgrund ihrer Größe in der Regel in der dominierenden Marktposition. Die meisten Durchschnittskünstler sind von den Labels abhängig, um überhaupt jemals Zugang zum Handel und damit zum Endkunden zu erlangen (vgl. Kratzberg 2008: 19). Ausnahmen sind die wenigen erfolgreichen Stars, die den Plattenfirmen hohe Verkaufszahlen einbringen und dadurch eine deutlich gestärkte Verhandlungsposition innehaben (vgl. Hutzschenreuter 2000: 115; Kromer 2008: 199). Auch die Hersteller der Tonträgerrohlinge weisen gegenüber den Plattenlabels eine relativ geringe Marktmacht auf. Aufgrund der hohen Anzahl von Anbietern sind sie in der Regel austauschbar und teilweise bereits in die Musikkonzerne integriert (vgl. Kratzberg 2008: 19).
Zu den Kunden der Plattenfirmen gehören neben den Endkonsumenten in erster Linie der Groß- und Einzelhandel (vgl. Kromer 2008: 199). In

Porters Modell werden Kunden als Wettbewerbskraft gesehen, da sie insbesondere durch Forderungen nach niedrigeren Preisen oder höherer Qualität die Rentabilität der Branche beeinträchtigen können (vgl. Welge/Al-Laham 2003: 202). Je höher die Abnehmerkonzentration und das Abnahmevolumen, desto höher ist in der Regel die Verhandlungsmacht der Kunden (vgl. Bea/Haas 2005: 102). Die hohe Fragmentierung des Handels und der Konsumenten stehen auf dem Musikmarkt der starken Konzentration der Plattenfirmen entgegen, woraus sich eine klare Dominanz der Labels ergibt. Lediglich die großen Elektronikmärkte wie Media Markt und große Warenhäuser wie Karstadt können durch ihre Größe Nachfrage bündeln und daraus eine stärkere Verhandlungsposition einnehmen (vgl. Kratzberg 2008: 19; Kromer 2008: 199f.). Allerdings zeigt sich in letzter Zeit in der Handelslandschaft ein zunehmender Konzentrationsprozess zur Stärkung der Marktmacht. Es kann also insgesamt von einer geringen, aber steigenden Marktmacht des Handels gegenüber den Plattenfirmen auf dem physischen Tonträgermarkt ausgegangen werden (vgl. Caspar/Mucha 2005: 162; Kratzberg 2008: 19).

Letztendlich ist die Gefahr durch Substitute als Wettbewerbskraft zu betrachten. Substitute sind Ersatzprodukte, die die gleiche Funktion wie das eigentliche Produkt der Branche erfüllen (vgl. Welge/Al-Laham 2003: 203). Ersatzprodukte sind ein bedeutender Wettbewerbsfaktor, da das Gewinnpotenzial einer Branche wesentlich davon abhängt, ob die Kunden auf Substitute ausweichen können. Je mehr sich das Preis-/Leistungsverhältnis der Ersatzprodukte im Vergleich zu den ursprünglichen Produkten verbessert, desto mehr Gefahr droht den Produzenten der originären Produkte (vgl. Hungenberg 2004: 102; Bea/Haas 2005: 102).
Traditionell kamen nur Radiosender und Musikinhalte im Fernsehen als Ersatzprodukte von Tonträgern in Frage. Allerdings wird dem Konsumenten anhand dieser Inhalte kein vollständiges Substitut zum Erwerb von Tonträgern geboten, da er weder die Titelauswahl noch den Zeitpunkt des Musikkonsums selbst bestimmen kann (vgl. Hutzschenreuter 2000: 116). Aus diesem Grund ist Musik als Inhalt der Massenmedien nicht als Bedrohung für den klassischen Tonträgermarkt anzusehen (vgl. Kratzberg 2008: 20). Traditionell gab es also keine ernst zu nehmenden Ersatzprodukte zum Originaltonträger. Diese komfortable Situation aus Sicht der Plattenfirmen hat sich allerdings mit dem Aufkommen von CD-Brennern grundlegend geändert (vgl. Kromer 2008: 202). Der Konsument hat mit Hilfe eines CD-Brenners die Möglichkeit, ohne merkbaren Qualitätsverlust unbegrenzt Kopien von Original-CDs zu erstellen (Kapitel 4.1). Diese Ersatzprodukte erfüllen dieselben Funktionen wie die Originalprodukte und sind daher als vollwertige Substitute anzuse-

hen. Die Digitalisierung hat die Gefahr von Ersatzprodukten enorm erhöht (vgl. Kratzberg 2008: 20). Das Internet bietet mittlerweile durch das Herunterladen von Musiktiteln eine alternative Möglichkeit zum Kopieren der Tonträger. Auch diese Thematik wird ausführlich in Kapitel 5 behandelt.

Fasst man die Ergebnisse dieser Untersuchung der Wettbewerbskräfte anhand Porters *five forces* Modell zusammen, zeigt sich, dass die Tonträgerhersteller traditionell eine sehr stabile und dominierende Marktposition innehaben. Die Gefahr durch Substitute blieb traditionell weitgehend aus, was sich erst in den letzten Jahren durch das Aufkommen von CD-Brennern geändert hat. Zwar stehen die Labels bei der Beschaffung neuer Künstler in relativ starkem Wettbewerb zueinander, die oligopolistische Marktform bringt der Gruppe der Majors im Gegenzug jedoch viele Vorteile ein. Durch ihre Größe nehmen sie gegenüber Kunden und Lieferanten eindeutig die dominante Verhandlungsposition ein und auch die Gefahr neuer Anbieter ist zumindest für die Majors sehr gering.

4.4 Traditionelles Geschäftsmodell der Plattenfirmen

Das Geschäftsmodell nach Stähler eignet sich gut, um die Unternehmensorganisation der Majors genauer zu betrachten. Das Modell besteht aus den drei Hauptbestandteilen *Value Proposition* (Nutzenversprechen), Architektur der Leistungserstellung und Ertragsmodell (Kapitel 2.2) (vgl. Stähler 2002: 47).

Die Value Proposition der Plattenfirmen richtet sich an zwei unterschiedliche Anspruchsgruppen. Künstler und Bands profitieren von den Labels, da diese ihrer Musik Gehör verschaffen. Durch den Marketingapparat und das große Vertriebsnetzwerk der Tonträgerhersteller gelangt deren Musik an ein möglichst großes Publikum und im Gegenzug wird daraus Einkommen für die Künstler erzielt (vgl. Wetzel 2004: 226; Stähler 2002: 263). Die Labels erfüllen die Bedürfnisse der Kreativen nach Anerkennung und finanzieller Unabhängigkeit. Die zweite Anspruchsgruppe sind die Konsumenten. Dieser Gruppe verspricht die Musikindustrie Musik zur Unterhaltung und zum Zeitvertreib. Sie befriedigt die Bedürfnisse der Hörer nach Unterhaltung und Zerstreuung, aber auch nach Emotionen und Identität (vgl. Stähler 2002: 263; o.V. „Popkomm" 2002: online).
Die Musikindustrie bietet Musik auf Tonträgern auf dem Markt an, um ihre Nutzenversprechen erfüllen zu können (vgl. Wetzel 2004: 227; Stähler 2002: 264). Der Tonträger eignet sich durch seine Gegenständlichkeit gut zum Verkauf an den Endkunden, wodurch eine Umsatzquel-

le für die Plattenfirmen und auch für die Künstler entsteht. Zudem ist der dominierende Tonträger CD leicht zu produzieren und liefert dem Kunden eine hohe Klangqualität. Der Konsument kann durch den Kauf und das Abspielen der Tonträger sein Bedürfnis nach Musik befriedigen (vgl. Stähler 2002: 264). Das derzeit vorherrschende Produkt der Plattenfirmen stellt das CD-Album dar, ein Bündel von etwa zehn bis 14 Musiktiteln auf einer CD, das mit einem Booklet versehen wird und in einem Behältnis, meist aus Plastik, verpackt wird. Auch das Booklet selbst ist ein Bündel aus abgedruckten Songtexten, Bildern und ähnlichen Bestandteilen (vgl. Clement/Schusser 2005: 4). Weitere Trägermedien neben der CD sind u. a. LPs, MCs sowie DVD-Audio/SACDs (vgl. Wirtz 2005: 469).

Passend zum Produktlebenszyklus von Musik werden meistens drei zeitlich sequenzierte Trägerformate veröffentlicht. Zunächst eine CD-Single, die einen besonders erfolgversprechenden Titel des kommenden Albums eines Künstlers in verschiedenen Versionen enthält (vgl. Wetzel 2004: 227; Wirtz 2005: 439), dann zeitlich verzögert das CD-Album. Neben der Veröffentlichung weiterer CD-Singles können die Hits des Albums im dritten Schritt auf Kompilationen verwertet werden. Kompilationen enthalten im Unterschied zum gängigen Album Titel verschiedener Künstler zu einem bestimmten Thema. Beispiele sind die BRAVO-Hits, eine Sammlung der aktuellsten Charthits, oder die Hitkopplung Kuschelrock (vgl. Wetzel 2004: 227; Stähler 2002: 264). Für jede Produktvariante braucht die Plattenfirma die entsprechenden Nutzungsrechte der Urheber (vgl. Wetzel 2004: 227). Vor allem die Majors verkaufen viele ihrer Produkte nicht nur auf dem nationalen Markt, sondern auch international, wenn es der Erfolg eines Künstlers erlaubt. Auch decken die Major Labels in der Regel sämtliche Repertoiresegmente ab. Zu den wichtigsten gehören Pop, Rock, Dance, Schlager und Klassik (vgl. Kapitel 4.1.2). Neben der Tonträgerproduktion stellen Musikvideos ein bisher zwar relativ kleines, aber wachsendes Produktsegment der Musikindustrie dar (vgl. Wirtz 2005: 469). Eher selten verfügen die Labels zusätzlich über Lizenzen für Merchandising Artikel (Textilien, Poster etc.), Konzerte und die Verwertung von Klingeltönen für Mobilfunkgeräte. Durch Konzerte und Merchandising Artikel lassen sich mittlerweile deutlich mehr Umsätze generieren als durch den Tonträgerverkauf (vgl. Renner 2008a: 372).

Die interne Architektur der Leistungserstellung besteht aus den unternehmensinternen Ressourcen sowie den Wertschöpfungsstufen der zu produzierenden Produkte und zeigt auf, wie der Produkt-/Marktentwurf umgesetzt wird (vgl. Stähler 2002: 44). Die Ressourcen eines Unternehmens sind die Quelle für die Entwicklung einzigartiger Fähigkeiten (vgl. Lombriser/Abplanalp 2004: 143). Wirtz nennt materielle und immaterielle Ressourcen Core Assets, wenn sie „die Basis für die Leistungserstellung und -vermarktung bilden" (2005: 471). Fähigkeiten beschreiben, inwieweit ein Unternehmen in der Lage ist, Ressourcen koordiniert einzusetzen und zielführend zu nutzen. Es handelt sich um komplexe Interaktions-, Koordinations- und Problemlösungsmuster einer Organisation, die in langwierigen Entwicklungsprozessen aufgebaut werden. Aufgrund ihrer Komplexität sind Fähigkeiten weder transferierbar noch käuflich zu erwerben (vgl. Hungenberg 2004: 135; Müller-Stewens/Lechner 2005: 359f.) Wenn sich bestimmte Ressourcen und Fähigkeiten gegenseitig verstärken oder zur Einmaligkeit des Unternehmens beitragen, verdichten sie sich zu Kernkompetenzen. Core Assets und Kernkompetenzen sind im Idealfall wertvoll, selten, schwierig zu imitieren und nicht substituierbar (vgl. Lombriser/Abplanalp 2004: 143ff; Hungenberg 2004: 135). Sie tragen bedeutend zum wahrgenommenen Kundennutzen eines Produkts bei und können langfristig Wettbewerbsvorteile für das Unternehmen schaffen (vgl. Wirtz 2005: 471).

Zu den Core Assets der Tonträgerhersteller gehören diejenigen Mitarbeiter mit einem Knowhow von „relativer Knappheit" (Wirtz 2005: 472). Besonders die Mitarbeiter der A&R (*Artist & Repertoire*) Abteilung verfügen über ein wertvolles Markt- und Trendgespür. Diese Fähigkeit ist ausschlaggebend im Beschaffungswettbewerb. Erfolgreiche Künstler müssen besser und schneller als der Wettbewerb aufgespürt werden, um sie dann zu fördern und an das Label zu binden. Die unter Vertrag stehenden Künstler sind ein weiterer wichtiger Teil der Core Assets, da sie die Basis für die Leistungserstellung der Plattenfirmen darstellen. Vor allem erfolgreiche Stars mit einer großen, kauffreudigen Fangemeinde, die nachhaltig hohe Umsätze generieren, sind sehr wichtig für die Labels. Durch die vertragliche Gebundenheit der Künstler an die Labels und die Tatsache, dass erfolgreiche Musiker und Bands nicht ohne weiteres von der Konkurrenz imitiert werden können, bildet das Künstlerrepertoire die Grundlage für nachhaltigen Unternehmenserfolg. Bei der Beschaffung neuer Künstler kommt ein weiteres Core Asset der Plattenfirmen ins Spiel: deren Marke und Image. Während auf dem Endverbrauchermarkt die Markennamen der Labels kaum eine Rolle spielen, ist eine starke Marke und ein positives Image beim Akquirieren neuer Talente auf dem Beschaffungsmarkt von großer Bedeutung (vgl. Wirtz 2005: 472).

Für eine gewinnbringende Nutzung der Core Assets sind Kernkompetenzen erforderlich. Die sogenannte *Music- and Artist-Sourcing*-Kompetenz umfasst die Fähigkeit des Aufbaus neuer erfolgreicher Musik-Genres und Künstler. Gleichzeitig beinhaltet sie die Kompetenz, diejenigen Künstler und Genretrends aus dem bestehenden Angebot zu identifizieren, die erfolgversprechend sind (vgl. Wirtz 2005: 473; Stähler 2002: 266). Wird diese Kernkompetenz so eingesetzt, dass ein erfolgreicheres Portfolio an Musikprodukten als das der Konkurrenz aufgebaut wird, entstehen dadurch Wettbewerbsvorteile. Der Aufbau neuer Musikrichtungen und Künstler ist die wichtigste Kernkompetenz der Independent Labels (vgl. Stähler 2002: 266). Weitere Kernkompetenzen, vor allem der Majors, sind die Promotion- und die cross-mediale Verwertungskompetenz. Sie beinhalten das massenwirksame Platzieren von Musik in Medien, Clubs und bei Events sowie die Fähigkeit, Musik über mehrere Plattformen (z.B. Tonträger, Film, Handy) zu vermarkten (vgl. Wirtz 2005: 473; Stähler 2002: 266). Ferner verfügen die Tonträgerhersteller über eine Vertragsgestaltungskompetenz, d.h. die Fähigkeit, Verträge so zu gestalten, dass eine größtmögliche Beteiligung an den Einnahmen der Künstler entsteht. Vor allem wenn es einem Label gelingt, nicht nur an den Tonträgereinnahmen beteiligt zu sein, sondern auch an Umsätzen aus Merchandising, Konzerten oder Sponsorship, können daraus Wettbewerbsvorteile geschaffen werden. Solche Vertragsgestaltungen sind bisher jedoch eher unüblich (vgl. Wirtz 2005: 473f.).

Im Wesentlichen basieren alle Kernkompetenzen in erster Linie auf dem Wissen und den Fähigkeiten der Mitarbeiter. Sie sind für die Plattenfirmen eine enorm wichtige Ressource.

Die Core Assets und Kernkompetenzen eines Unternehmens werden eingesetzt, um wettbewerbsfähige Produkte und Dienstleistungen zu produzieren und diese anschließend den Märkten zuzuführen. Den Prozess der Kombination verschiedener Produktionsfaktoren zur Erschaffung von Werten nennt man Wertschöpfung (vgl. van Dyk 2005: 187). Der geschöpfte Wert besteht aus der monetären Differenz zwischen aufgewandten Kosten und tatsächlich erzieltem Erlös (vgl. Kromer 2008: 44). Die Verkettung der zur Wertschöpfung notwendigen Aktivitäten wird als Wertschöpfungskette bezeichnet. Auf jeder Stufe der Wertschöpfungskette erfolgt dabei eine Wertsteigerung (vgl. van Dyk 2005: 187). Der Wertschöpfungsprozess in der traditionellen Musikindustrie (siehe Abbildung 6) lässt sich grob in die Stufen Komposition, Rechtehandel, Aufnahme, Tonträgerproduktion, Distribution (Erstverwertung), Sendung (Zweitverwertung) und schließlich die Rezeption gliedern (vgl. Zerdick et al. 64f.; Wirtz 2005: 470f.).

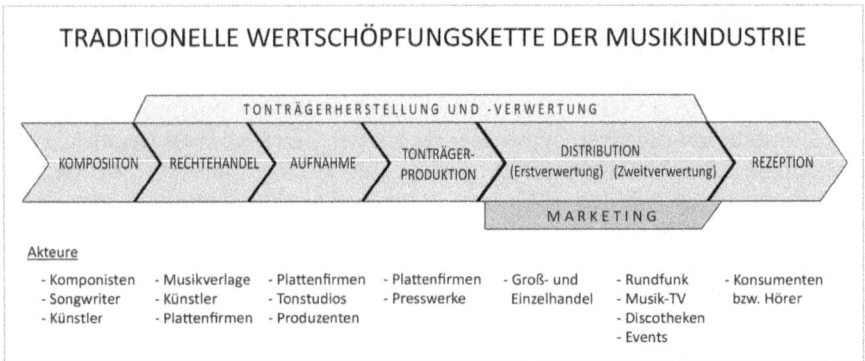

TRADITIONELLE WERTSCHÖPFUNGSKETTE DER MUSIKINDUSTRIE

TONTRÄGERHERSTELLUNG UND -VERWERTUNG

| KOMPOSIITON | RECHTEHANDEL | AUFNAHME | TONTRÄGER-PRODUKTION | DISTRIBUTION (Erstverwertung) (Zweitverwertung) | REZEPTION |

MARKETING

Akteure

- Komponisten	- Musikverlage	- Plattenfirmen	- Plattenfirmen	- Groß- und	- Rundfunk	- Konsumenten
- Songwriter	- Künstler	- Tonstudios	- Presswerke	Einzelhandel	- Musik-TV	bzw. Hörer
- Künstler	- Plattenfirmen	- Produzenten			- Discotheken	
					- Events	

Abb. 6: Traditionelle Wertschöpfungskette der Musikindustrie
(Quelle: Eigene Darstellung, in Anlehnung an Zerdick et al. 2001: 64; Wirtz 2005: 471; Hutzschenreuter 2000: 113).

Am Anfang des Wertschöpfungsprozesses in der Musikindustrie steht die Schaffung eines Werks durch die Komponisten und Songwriter und teils auch durch den ausübenden Künstler selbst (vgl. Wirtz 2005: 470). Besonders neue Künstler präsentieren ihre selbst komponierten Titel in Form des sogenannten Demotapes einer Plattenfirma oder einem Produzenten. Ist die Plattenfirma bzw. der Produzent interessiert, wird ein Plattenvertrag mit dem Künstler geschlossen, in dem dieser der Plattenfirma die exklusiven Rechte zur Veröffentlichung, Vervielfältigung und Verbreitung des zu produzierenden Werks überträgt (vgl. Wetzel 2004: 216). Komposition, Text und die eigentliche Aufnahme sind grundsätzlich urheberrechtlich geschützt (Kapitel 4.2) (vgl. Wirtz 2005: 470). Im Fall, dass das aufzunehmende Werk nicht vom Künstler selbst, sondern von unabhängigen Komponisten und Songwritern stammt, muss die Plattenfirma zunächst die Lizenzen für die Aufnahme sowie die spätere Verwertung von den Urhebern erlangen. In der Regel wird der Lizenzerwerb über die Musikverlage der Urheber abgehandelt. Vertragskünstler der Major Labels, die eigene Titel komponieren oder texten, haben oft Verträge mit den zugehörigen Major Musikverlagen, um den Lizenzhandel möglichst effizient für die Musikkonzerne zu gestalten (vgl. Eigen 2007: 36).
Es folgt die Aufnahme der Komposition durch Künstler und Produzenten. Die Plattenfirmen tragen in der Regel sämtliche Kosten der Produktion sowie des Marketings und der ersten Distributionsstufen (vgl. Wetzel 2004: 219).
Das durch die Aufnahme entstandene Produkt wird im nächsten Schritt vervielfältig. Zunächst werden die produzierten Musikstücke zum Al-

bum gebündelt bzw. die Singleauskopplungen festgelegt (vgl. Wirtz 2005: 471), anschließend initiiert das Label die Tonträgerproduktion. Die reine Herstellung der bespielten Trägermedien wird meistens an externe Fertigungswerke abgegeben (vgl. Eigen 2007: 36). Manche Majors verfügen auch über in den Mutterkonzern integrierte Presswerke. Bei BMG wurde die Vervielfältigung der CDs beispielsweise vom Unternehmen Sonopress abgewickelt, das ebenso wie BMG zum Bertelsmann Konzern gehörte (vgl. Wetzel 2004: 228). Parallel zur Koordination der Vervielfältigung entsteht das Design für das Cover und das Booklet zur Vermarktung des Produkts (vgl. Gersch/Avaria 2007: 5).

Im Rahmen der nächsten Wertschöpfungsstufe, der Distribution, nutzen die Plattenfirmen den Handel und die sogenannten Gatekeeper[11], um ihr Produkt beim Kunden zu platzieren. Der Vertrieb und Verkauf der Tonträger stellt die Erstverwertung dar, die Sendung über die Medien die Zweitverwertung (vgl. Gersch/Avaria 2007: 3). Die Tonträger werden an die verschiedenen Vertriebskanäle ausgeliefert, zu denen neben dem klassischen Handel (z.B. Kaufhäuser, Filialunternehmen und Supermärkte) auch Musikclubs mit Clubmitgliedschaften (z.B. der Bertelsmann Club) gehören. Kurz vor der Veröffentlichung startet die Plattenfirma begleitende Marketing- und Promotionsmaßnahmen, um das Produkt bei potenziellen Käufern bekannt zu machen (vgl. Gersch/Avaria 2007: 5). Tonträger werden an Radiostationen, Musiksender und Tourveranstalter versendet, die eine Gatekeeper-Position einnehmen und die Produkte der Labels an den Endkunden kommunizieren (vgl. Wetzel 2004: 216ff.)

Die Majors sind in der Regel an allen Wertschöpfungsstufen der Tonträgerherstellung und -verwertung beteiligt (siehe Abbildung 6) und decken somit den größten Teil der Wertschöpfungskette der Musikindustrie ab. Manchmal nehmen sie zudem durch eigene Vorstellungen und Ideen Einfluss auf die Komposition, wobei diese Tätigkeit aber in erster Linie die Domäne der Künstler und Kreativen bleibt. An der Distribution sind die Labels üblicherweise im Rahmen der begleitenden Marketing- und Promotionsmaßnahmen beteiligt, während der eigentliche Vertrieb an den Endkunden dem Handel überlassen wird (vgl. Stähler 2002: 266).

Grundlage für die Wertschöpfungskette ist zunächst ein Repertoire an Künstlern. Das Aufspüren und Aufbauen neuer erfolgversprechender Talente fällt in den Tätigkeitsbereich der A&R Abteilung (vgl. Eigen

---

[11]   Gatekeeper bedeutet Pförtner bzw. Schleusenwärter. Jene Personen, die in den Redaktionen von Massenmedien für die Inhaltsauswahl verantwortlich sind und entscheiden können, ob sie Informationen (hier Musikprodukte) durchlassen oder zurückhalten, werden in der Kommunikationswissenschaft als Gatekeeper bezeichnet (vgl. Frerichs 2005: 74).

2007: 36) und ist der Wertschöpfungskette gewissermaßen vorgelagert. Ohne geeignete Künstler kann keine Leistungserstellung erfolgen. *Artist & Repertoire* stellt traditionell einen der wichtigsten Aufgabenbereiche der Plattenfirmen dar. Allerdings hat die A&R Abteilung zumindest auf dem deutschen Musikmarkt bei den Majors an Bedeutung verloren. EMI gibt an, dass die deutsche Niederlassung hauptsächlich das Marketing und die Promotion für die Musik koordiniert. 60 Prozent des Repertoires von EMI Deutschland ist international und wird bereits als fertiges Produkt geliefert. Wenn nationale Künstler aufgebaut werden, übernehmen das meist die an die Majors angeschlossenen Sublabels. EMI Deutschland als Major Label ist nur noch bei etwa 10 Prozent des Repertoires bei der Auswahl und dem Aufbau der Künstler beteiligt (vgl. Wetzel 2004: 44, 219).

Im Gegensatz zur internen Architektur der Leistungserstellung, die ausschließlich die Prozesse im Unternehmen aufzeigt, bezieht die externe Architektur die Kunden und Partner des Unternehmens mit ein (vgl. Stähler 2002: 45). Die Major Labels gingen bereits frühzeitig enge Kooperationen mit Unternehmen vor- und nachgelagerter Wertschöpfungsstufen ein, um aus der Zusammenarbeit profitieren zu können. Oft sind die entsprechenden Unternehmen Tochterfirmen desselben Mutterkonzerns, so z.B. die bereits erwähnten Presswerke, die zur Herstellung der Tonträger von den Plattenfirmen herangezogen werden (vgl. Wetzel 2004: 227f.). Auch konnte die BMG, dank der Beteiligung von Bertelsmann am TV-Sender RTL, die RTL-Website zur Onlinevermarktung ihrer Musikprodukte nutzen. Da die Zusammenarbeit durch die gemeinsame Konzernzugehörigkeit erleichtert wird, können die Transaktionskosten solcher Kooperationen relativ gering gehalten werden (vgl. Wetzel 2004: 228).
Ferner bestehen enge Partnerschaften zwischen Plattenfirmen und dem Handel. Ziel der Plattenlabels ist es, durch gute Beziehungen zum Handel, eine Vormachtstellung im Distributionsbereich zu erreichen, um so ihren Produkten eine hohe Marktdurchdringung zu ermöglichen (vgl. ebd.). Die Labels selbst nutzen traditionell weder einen direkten Kommunikationskanal zu den Konsumenten, noch steht den Kunden ein Rückkanal zur Verfügung – die Konsumenten werden lediglich mittels Werbung und indirekter Promotion angesprochen. Da der Handel den Plattenfirmen erst den Weg zum Kunden öffnet, sind die Plattenfirmen von den Handelsintermediären abhängig. Für die Wertschöpfung in der Musikindustrie spielt der einzelne Kunde jedoch keine Rolle, er wird lediglich als Käufer der Tonträger wahrgenommen (vgl. Stähler 2002: 266).

Auch die klassischen Medien wie Hörfunk und Fernsehen sind seit jeher wichtige Partner der Plattenfirmen. Sie helfen den Labels durch die Sendung der Musik, ein großes Publikum zu erreichen und spielen deshalb im Marketing der Plattenfirmen eine herausragende Rolle (vgl. Reineke 2000: 105).

Der dritte Bestandteil neben der Value Proposition und der Architektur der Leistungserstellung ist das Erlösmodell. Die Labels generieren traditionell aus zwei wesentlichen Erlösquellen Umsatz. Aus dem Verkauf der Produkte an den Handel werden direkte Umsätze erwirtschaftet. Geht man von einem typischen CD-Album aus, entfallen bis zu 30 Prozent des Verkaufserlöses auf den Handel, bis zu 20 Prozent auf die physische Produktion, bis zu 20 Prozent, oft aber weniger, auf die Künstler und der Rest auf das Label selbst (vgl. Hess 2003: 434). Zusätzlich erzielen die Plattenlabels indirekte Erlöse aus der Weiterlizenzierung von Musik. Beispiele für Einnahmen aus der Weiterlizenzierung sind Lizenzeinnahmen auf jeden verkauften Tonträger und aus öffentlichen Auftritten und Ausstrahlungen sowie aus der Verwendung von Musik in Filmen, in der Werbung oder in Computerspielen. Üblicherweise werden diese Rechte an die Verwertungsgesellschaften GEMA und GVL abgetreten. Die Erlöse werden dann zunächst von den Verwertungsgesellschaften eingenommen und anschließend an die Plattenfirmen abgeführt (vgl. Wetzel 2004: 228f.; Stähler 2002: 267).

5 Veränderungen des Musikmarkts durch Neue Medien

Die digitale Musikdistribution über das Internet boomt zurzeit. Die britische Rockband Radiohead veröffentlichte ihr Album IN RAINBOWS zunächst über das Internet und ließ die Konsumenten selbst entscheiden, wie viel sie für das Album bezahlen wollten. Viele Experten der Musikindustrie waren aufgebracht und hielten eine solche Vorgehensweise für fatal. Das Album wurde innerhalb des ersten Monats 1,2 Millionen mal von der offiziellen Website heruntergeladen. Allerdings zahlten nur etwa 40 Prozent der Nutzer dafür und der Durchschnittspreis lag lediglich bei etwa sechs Dollar (LaPlante 2009: 21). Auch wenn derartige Geschäftsmodelle derzeit noch mit der geringen Zahlungsbereitschaft der Kunden für den Download von Musik zu kämpfen haben, gewinnt das Internet als neues Medium zunehmend an Relevanz in der Musikindustrie. Illegale Musiktauschbörsen werden schon seit Jahren von Millionen Nutzern zum Herunterladen von Musiktiteln genutzt, aber auch das kommerzielle Downloadgeschäft wächst kontinuierlich (vgl. Bundesverband Musikindustrie 2007a: 19, 22ff.). Besonders interessant an der rasanten Entwicklung des Internetmusikmarkts sind die bisherigen Reaktionen der Major Plattenlabels, die durch ihre ablehnende Haltung gegenüber den neuen Medien seit Jahren in der öffentlichen Diskussion stehen (vgl. Renner 2003: 239). Auch die Majors können sich dem zunehmenden Einfluss des Internets auf die Wertschöpfungskette der Musikindustrie sowie auf die Branchenstruktur jedoch nicht entziehen (vgl. Friedrichsen et al. 2004: 7).

5.1 Das Internet als neues Medium

Anfangs war das Internet lediglich ein Netzwerk zwischen Forschungs- und militärischen Einrichtungen, heute hat es sich zu einem vollwertigen neuen Medium entwickelt. Spätestens Mitte der neunziger Jahre hat sich gezeigt, dass das Internet kein alternatives, sub-öffentliches Medium bleiben würde. Die Entwicklung des Internetdienstes *Word Wide Web* (WWW) leitete ab 1994 einen rasanten Kommerzialisierungsprozess des Internets ein und zeigte das enorme wirtschaftliche Potenzial des neuen Mediums auf (vgl. Karmasin/Winter 2000: 27). Das WWW ist multimedial, es kann Text mit Ton-, Bild- und Videomaterial, mit Grafiken und Animationen verknüpfen, um auf diese Weise Inhalte verständlicher zu vermitteln (vgl. Friedlaender 1999: 101f.). Das Internet erfüllt die klassische Vermittlungsfunktion von Medien. Es bietet eine Möglichkeit zum

Transport von Medienbotschaften und stellt „mit den so verfügbar gemachten Medienangeboten Wirklichkeitsentwürfe für den Rezipienten bereit" (Luzar 2004: 50). Das Internet wird den sogenannten Quartärmedien zugeordnet (Kapitel 2.1) (vgl. Faulstich 2005: 13). Anders als die klassischen Medien ist das Internet kein Medienprodukt, sondern nur ein Medium (vgl. Sjurts 2005: 383).

Das Internet wird häufig als sogenanntes neues Medium bezeichnet (vgl. Luzar 2004: 21). Wölk unterscheidet zwischen neuen Medien im weiteren und im engeren Sinne:

> [...] im weiteren Sinne [werden] heute als neue Medien meist Medien bezeichnet, die auf Daten in digitaler Form zugreifen (z.B. E-Mail, World Wide Web, DVD). Im engeren Sinne sind Dienste gemeint, die über das Internet möglich sind. (Wölk 2005: 205)

Neue Medien weisen einige charakteristische Eigenschaften auf, durch die sie sich von den klassischen Medien abheben (vgl. Luzar 2004: 36; Kröger 2002: 16ff.). Über manche dieser Eigenschaften verfügen die traditionellen Medien jedoch auch, so dass sich das Internet als neues Medium vielmehr durch eine neuartige Kombination verschiedener Eigenschaften von den klassischen Medien abhebt (vgl. Kröger 2002: 16).

Im Gegensatz zu den traditionellen Medien kann das Internet bisher nur von Teilen der Bevölkerung genutzt werden. Diese Einschränkung liegt vor allem darin begründet, dass die Nutzung des Internets spezielle technische Kenntnisse, insbesondere Computerkenntnisse, erfordert. Außerdem ist die für die Nutzung notwendige Hardware relativ kostenintensiv. Auch in der Anwendung unterscheidet sich das Internet von klassischen Medien, denn der Nutzer muss Informations- und Unterhaltungsinhalte selbst suchen. Während die traditionellen Medien Inhalte ‚pushen', d.h. die Informationsangebote auswählen und distribuieren, muss der Internetnutzer selbst aktiv werden, um Inhalte zu beziehen. Das Internet wird deshalb auch als sogenanntes *Pull*-Medium bezeichnet (vgl. Luzar 2004: 36). Dem Nutzer steht eine schier unüberschaubare Menge an Daten zur Verfügung, die eine sehr hohe Informationsvielfalt zur Folge hat. Aufgrund dieser Fülle an Daten wird dem Internet die sogenannte Datenmächtigkeit als charakteristische Eigenschaft zugeschrieben (vgl. Kröger 2002: 17). Die Masse der Informationen im Internet hat zu einem starken Wettbewerb der Informationsanbieter um den Nutzer geführt. Die Anbieter versuchen, ihr Angebot so gut wie möglich an die Bedürfnisse des Nutzers anzupassen und den Kunden möglichst individuell anzusprechen. Das Internet eignet sich hervorragend dazu, gezielte Inhalte hervorzuheben und andere auszublenden, so dass dem

Nutzer nur das präsentiert wird, was er sehen möchte (vgl. Luzar 2004: 36f.).

Vor allem die Begriffe Interaktivität und Multimedialität werden sehr häufig als Charakteristika des Internets herangezogen. Multimedialität wird als computergestützte Anwendung verstanden, die digitale Medien wie Text, Fotos, Grafiken, Animationen, Audio und Video integrativ speichert, überträgt und verbreitet und eine interaktive Nutzung durch den Rezipienten beinhaltet (vgl. Kröger 2002: 15). Das Internet ist multimedial, da es die verschiedenen digitalen Medien zu einem qualitativ neuwertigen Medium integriert (vgl. Luzar 2004: 38). Da auf die im Internet verfügbaren Informationen und Daten unabhängig von Zeit und Ort zugegriffen werden kann, besteht zudem Ubiquität als Charakteristikum. Letztlich spielt die Eigenschaft der Interaktivität eine große Rolle. WWW-Inhalte werden nicht passiv empfangen, sondern vom Nutzer als aktivem Informationssucher ausgewählt und abgerufen. Zeitpunkt, Umfang und Reihenfolge werden vom Nutzer selbst bestimmt (vgl. Kröger 2002: 17f.). Zudem bietet das Internet erstmals in der Mediengeschichte eine Vielzahl verschiedener Kommunikationsformen an, zwischen denen innerhalb eines Mediums schnell hin- und hergewechselt werden kann. Die Möglichkeiten gehen von der Einer-an-Einen über die Einer-an-Viele bis hin zur Viele-an-Viele-Kommunikation. Das Internet lässt sich vielleicht am besten als Medium für ,individuelle Massenkommunikation' beschreiben (vgl. Luzar 2004: 50).

Eine Sprecherin der Auftraggebergemeinschaft GfK[12]-Online-Monitor, einer repräsentativen Studie zur Onlinenutzung in Deutschland im Zeitraum von Dezember 2000 bis Januar 2001, kommentiert: „Das Internet steht mittlerweile als gleichberechtigtes Medium neben Print, TV und Hörfunk" (o.V. „GfK-Online-Monitor" 2001a: online). Es hat sich als Kommunikationsmedium, Informationsmedium und Transaktionsmedium etabliert (vgl. Luzar 2004: 52). Die GfK-Studie kam zu dem Ergebnis, dass im Untersuchungszeitraum 46 Prozent der Deutschen zwischen 14 und 69 Jahren das Internet nutzten. Seitdem ist die Internetverbreitung in Deutschland noch deutlich angestiegen. 2008 nutzten laut der ARD/ZDF-Onlinestudie bereits 65,8 Prozent der Deutschen ab 14 Jahren zumindest gelegentlich das Internet (vgl. van Eimeren/Frees 2008: 331). Die Jugendlichen zwischen 14 und 19 Jahren verbringen inzwischen sogar mehr Zeit im Internet (ca. 120 Minuten täglich) als mit Fernsehschauen (ca. 100 Minuten) oder Radiohören (97 Minuten) (vgl. van Eimeren/Frees 2008: 343). Auch wird das Internet mehr und mehr nicht nur als Informationsmedium, sondern auch als Unterhaltungsmedium gesehen (vgl. van Eimeren/Frees 2008: 337).

---

[12]   GfK steht für Gesellschaft für Konsumforschung.

Neben der Entwicklung zu einem individualisierten Massenmedium, ist das Internet auch zur wichtigsten Plattform elektronischer Märkte geworden. Auch vor dem Aufkommen des Internets gab es bereits verschiedene Formen von elektronischen Märkten, durch die Internettechnologie wurde diese Entwicklung jedoch enorm forciert (vgl. Zerdick et al. 2001: 217). Elektronische Märkte können als virtuelle Treffpunkte verstanden werden. Sie stellen die Infrastruktur bereit, die für den Informationsaustausch und die Transaktion der Marktpartner benötigt wird. Elektronische Märkte zeichnen sich vor allem durch Orts- und Zeitunabhängigkeit, einen leichteren Informationsaustausch der Marktteilnehmer sowie durch niedrige Transaktionskosten aus (vgl. ebd.).

Elektronische Märkte bilden die Basis für Electronic Business (kurz E-Business). Wirtz definiert E-Business als „die Anbahnung sowie die teilweise respektive vollständige Unterstützung, Abwicklung und Aufrechterhaltung von Leistungsaustauschprozessen mittels elektronischer Netze" (Wirtz 2001: 34). Etwas prägnanter kann E-Business als die „Virtualisierung von Unternehmens- bzw. Geschäftsprozessen" (Zerdick et al. 2001: 218) definiert werden. Das E-Business gilt als Überbegriff verschiedener Ausprägungen virtualisierter Prozesse, darunter z.B. Electronic Commerce und Electronic Education (vgl. Wirtz 2001: 39).

Um weiterhin erfolgreich auf dem Markt positioniert zu sein und sich Wettbewerbsvorteile zu verschaffen, sind auch die Medienunternehmen mittlerweile mit verschiedenen Online-Angeboten auf dem elektronischen Internetmarkt vertreten. Es handelt sich meist um ‚Internet-Ableger' ihrer klassischen Medienprodukte, oft aber auch um neue Informationsangebote. Welchen Mehrwert das Internet für die etablierten Medienunternehmen hat, hängt von den jeweiligen Eigenarten der traditionellen Mediengattung und des Informationsbedürfnisses der Nutzer ab. Der Internetauftritt einer Zeitschrift erhöht den Nutzen gegenüber dem klassischen Produkt durch Aktualität und Multimedialität, der eines TV-Senders eher durch den zeitlich unabhängigen Zugriff (vgl. Kröger 2002: 1).

5.2 Musikangebote im Internet

Die Bedeutung des digitalen Internetmusikmarktes wächst rasant. Die momentane Marktstruktur ist gerade aufgrund des schnellen Wachstums sehr unübersichtlich und fragmentiert. Es entstehen ständig neue Geschäftsmodelle und elektronische Vertriebsnetze. Die den digitalen Musikmarkt dominierenden Unternehmen kommen vor allem aus der Telekommunikations-, Hardware- und Softwarebranche, bisher aber kaum aus der Musikindustrie (vgl. Söndermann 2008: 7).

Der erste Schritt in Richtung Online-Musikmarkt war die Übertragung des bisherigen Geschäftsmodells der Musikindustrie auf das Internet. Über Online-Händler wie z.B. Amazon oder CDnow.com wurde der Verkauf von Tonträgern organisiert. Die zweite Stufe wurde erst durch die Entwicklung des Kompressionsstandards MP3 für digitalisierte Musiktitel möglich. MP3 ermöglichte die Loslösung der Musikinhalte vom physischen Tonträger und so das Anbieten einzelner bzw. individuell zusammengestellter Musikinhalte. MP3.com ermöglichte es seinen Kunden auf der Basis einer Client-Server-Architektur, Musik vom zentralen Server des Anbieters herunterzuladen und in kundenindividuellen Speichern abzulegen. Die Titel wurden von Künstlern oder Labels zu Verfügung gestellt. Der dritte und vierte Schritt der Entwicklung des Internetmusikmarkts wurde schließlich durch sogenannte Peer-to-Peer (P2P) Technologien eingeleitet. P2P-Netzwerke ermöglichen es den Nutzern, direkt untereinander Dateien austauschen zu können (*Filesharing*). Napster war die erste Musiktauschbörse und machte das *Filesharing* praktisch über Nacht zum Massenphänomen (vgl. Hummel 2003: 450).

Die skizzierte Entwicklung des Online-Musikmarkts geschah weitgehend ohne die Beteiligung der Musikunternehmen und wurde primär durch branchenfremde Akteure vorangetrieben. Der Online-Handel mit CDs wurde von Start-up-Unternehmen wie Amazon.com ins Leben gerufen. MP3.com war ebenfalls ein unabhängiges Hightech Unternehmen. Napster wurde von dem Studenten Shawn Fanning programmiert. Statt den Onlinemarkt selbst aktiv zu bearbeiten, bekämpfe die Musikindustrie MP3.com und Napster sowie auch später weitere Musiktauschbörsen mit rechtlichen Mitteln (vgl. Hummel 2003: 451). Erst spät versuchten die Plattenlabels relativ erfolglos mit eigenen Angeboten auf den Markt zu drängen (Kapitel 5.2.4) (vgl. Wetzel 2004: 225).

5.2.1 Technologische Voraussetzungen

Um Musikdateien heute so schnell und einfach über das Internet übertragen zu können, waren einige technologische Fortschritte notwendig. Die Basis bildet die Digitalisierung. Sie stellt die Grundvoraussetzung für die Virtualisierung physischer Produkte und deren Übertragung über das Internet dar (vgl. Kollmann 2009: 3). Unter Digitalisierung wird die „elektronisch basierte Transformation analoger Daten wie Text-, Bild- oder Toninformationen in eine computerlesbare, digitale Form definiert" (Wirtz 2001: 23). Die Digitalisierung hat dazu geführt, dass sämtliche unternehmensinterne und -externe Prozesse mittels elektronischer Medien verändert werden können. So kann z.B. der Verkauf von Produkten oder auch die Organisation der Beschaffungswege über elektronische Marktplätze erfolgen (vgl. van Dyk 2005: 188). Ein anderes

Beispiel sind Warenkataloge von Unternehmen, die im Internet in digitalisierter Form bereitgehalten werden können (vgl. Witz 2001: 19). Die Produkte der Medienunternehmen wie z.B. CDs, Bücher, Videos und Zeitschriften sind besonders für das digitale Format geeignet (vgl. Gerdes 2003: 18). Ursprünglich an einen physischen Tonträger gebunden, steht Musik dank digitalisierter Form heute auch losgelöst von einem physischen Träger zur Verfügung.

Um Musik komfortabel aus dem Internet herunterladen zu können, wird zunächst ein Computer benötigt. Noch vor wenigen Jahren waren Computer nur einigen Spezialisten vorbehalten, heute sind sie Bestandteil unseres Lebens geworden. Der stetige Fortschritt der Leistungsfähigkeit und Heimanwenderfreundlichkeit von Computern sowie der stetige Ausbau der digitalen Datenwege waren wichtige Voraussetzungen für die heutige Dimension des Datentransfers und -austausches über das Internet (vgl. Kollmann 2009: 1). Um Musiktauschbörsen wie Kazaa effizient nutzen zu können, ist eine Breitband Internetverbindung erforderlich, da die Software kontinuierlich laufen muss um Ergebnisse zu erzielen (vgl. Peitz/Waelbroeck 2006: 80). Breitbandzugangstechnologien wie z.B. DSL oder Kabel sind in der Lage, große Datenmengen in hoher Geschwindigkeit zu übermitteln und sind im Gegensatz zu Schmalbandzugängen wie ISDN wesentlich leistungsfähiger (vgl. Gerdes 2003: 44f.). Zwar sind auch Mobiltelefone heutzutage in der Regel internetfähig, die Geschwindigkeit ist aber für Musikdownload üblicherweise noch zu langsam und oft ist die Internetnutzung per Handy noch mit erheblichen Kosten verbunden (vgl. Gerdes 2003: 54f.)

Eine weitere wichtige Voraussetzung für den Musikdownload ist das MP3-Format. Das Internet hätte ohne MP3 niemals einen so enormen Einfluss auf die Musikindustrie und ihre Rahmenbedingungen nehmen können. Vor dem Aufkommen dieses Formats in den neunziger Jahren, lagen Musikdateien in der Regel im WAVE-Format vor, das sich für die Übertragung per Internet aufgrund seiner immensen Größe nur sehr eingeschränkt eignete (vgl. Wierzbicki 2006: 413; Friedrichsen et al. 2004: 41). MP3, eigentlich MPEG I Layer 3, ist ein Dateiformat zur Audiokompression und Teil verschiedener MPEG-Standards (MPEG steht für Moving Pictures Expert Group), die am Fraunhofer Institut in Erlangen entwickelt wurden. Das MP3 Format ist in der Lage, Audiodateien auf rund acht Prozent ihrer Größe beinahe verlustfrei zu komprimieren (vgl. Beck 2002: 293; Eigen 2007: 46). Dadurch können digitale Musiktitel etwa zwölfmal schneller aus dem Internet heruntergeladen werden als ohne Kompression (vgl. Beck 2002: 293). Auch die Speicherung einer großen Anzahl von Musikdateien auf dem Computer wurde durch das MP3 Format ermöglicht (vgl. Eigen 2007: 46). Es dauerte nicht lange bis sich im Internet MP3 Communities bildeten, die über Homepages, Foren und Chats urheberrechtlich geschützte Musik kostenlos austauschten (vgl. Friedrichsen et al. 2004: 42f.). Erst durch die Musiktauschbörse Napster, die innerhalb kürzester Zeit Millionen von Nutzer anzog, wurde der Musikindustrie jedoch das volle Ausmaß dieser neuen Entwicklung bewusst. Mit Hilfe des MP3 Formats hat sich das Internet in den letzten Jahren zu einem Distributionsmedium von digitalen Musikdateien etabliert (vgl. Friedrichsen et al. 2004: 44f.). Die heruntergeladene Musik kann entweder auf CD gebrannt oder mit entsprechender Software über den Rechner und auf portablen MP3-Playern gehört werden. Durch die Entwicklung und den Verkauf von MP3-Playern unterstützen die Hardware Hersteller den Vormarsch digitaler Musik zusätzlich (vgl. Friedrichsen et al. 2004: 43f.). Das Computer- und Unterhaltungselektronikunternehmen Apple brachte 2001 den MP3-Player iPod auf den Markt, der inzwischen mit über 100 Millionen verkauften Exemplaren zum schnellst verkauften Musikabspielgerät aller Zeiten wurde (vgl. Kromer 2008: 49). Mit einer Speicherkapazität von mittlerweile bis zu 160 Gigabyte ist es allein preislich unmöglich für einen durchschnittlichen Nutzer, den iPod mit legal erworbener Musik zu füllen. Geht man von einer ungefähren Dateigröße von fünf Megabyte pro Musiktitel aus, können 32.000 Musikdateien auf dem größten iPod Modell abgespeichert werden.

5.2.2 Illegale Musikangebote

Bei der Benutzung illegaler Musiktauschbörsen im Internet kommt § 53 Abs. 1 des Urhebergesetzes zum Tragen (Kapitel 4.2). Erwirbt ein Konsument einen Tonträger, so erhält er lediglich eingeschränkte Rechte an dem erworbenen Produkt. Der Käufer darf den Tonträger zwar jederzeit an jedem beliebigen privaten Ort abspielen, ausgenommen sind aber öffentliche Vorführungen. Obwohl eine sogenannte Privatkopie für den eigenen Gebrauch angefertigt werden darf, ist die Vervielfältigung des Tonträgers darüber hinaus nicht erlaubt (vgl. § 53 UrhG). Wird eine digitale Kopie einer CD erstellt und der Inhalt in einer Internettauschbörse für andere Nutzer zum Download zur Verfügung gestellt, gilt das als Verstoß gegen das Urheberrecht. Mit den Änderungen des Zweiten Korbs verstößt der Nutzer nun ebenfalls gegen § 53 UrhG, wenn er über Musiktauschbörsen oder andere ähnliche Onlineangebote kostenlos Musiktitel herunterlädt, da es sich dabei um eine „offensichtlich rechtswidrig hergestellte oder öffentlich zugänglich gemachte Vorlage" (§ 53 Abs. 1 UrhG) handelt. Die Nutzung kostenloser Musiktauschbörsen ist gemäß § 53 Abs. 1 UrhG also illegal und wird von der Musikindustrie als sogenannte Internetpiraterie betitelt (vgl. Friedrichsen et al. 2004: 33).

Für das Herunterladen über Download Websites, Internetforen und Chatrooms gilt selbiges (vgl. Wetzel 2004: 207; Stähler 2002: 268).

Das *Filesharing* über P2P-Tauschbörsen basiert auf dem Prinzip, dass die teilnehmenden Nutzer die Musikdateien über ihre Festplatten den anderen Nutzern zum Herunterladen zur Verfügung stellen. Die Teilnehmer bilden ein Netzwerk, indem sie Musik miteinander teilen (vgl. Eigen 2007: 47). Die Kommunikation zwischen zwei Rechnern kann entweder auf einer gleich bleibenden oder einer wechselnden Arbeitsteilung erfolgen. Wenn ein Rechner einmal als Client und einmal als Server agiert, spricht man von einer wechselnden Arbeitsteilung. Die Kommunikation erfolgt zwischen Gleichberechtigten, sogenannten Peers, wodurch schließlich ein Peer-to-Peer System entsteht (vgl. Hess 2003: 431f.). P2P-Systeme können sowohl mittels eines zentralen Servers aufgebaut sein als auch komplett dezentral, ohne die Nutzung eines Servers. Bei der ersten und sogleich bekanntesten Tauschbörse namens Napster wurde ein serverbasiertes System eingesetzt. Genau diese Eigenschaft machte Napster schließlich angreifbar und führte letztendlich zur Schließung des Unternehmens. Aus diesem Grund haben sich mittlerweile dezentrale P2P-Systeme durchgesetzt. Ein Beispiel ist die Tauschbörse Kazaa (vgl. Eigen 2007: 47; Hess 2003: 431). Da kein zentraler Server besteht, ist die rechtliche Verfolgung der Anbieter sehr schwierig. Download Websites bieten eine Alternative zu P2P-Systemen. Im Gegensatz zu P2P-Tauschbörsen ist es juristisch betrachtet relativ einfach, die Betreiber der Download Websites zu belangen. Die Anbieter legen die zum Herunterladen angebotenen Dateien teils auf ihren eigenen Servern ab, so dass eine Nachverfolgung möglich ist. Viele Websitebetreiber sind allerdings inzwischen dazu übergegangen, ihre Webseiten über Server im Ausland zu betätigen, was eine rechtliche Verfolgung erheblich erschwert. Als andere Ausweichmöglichkeit für Betreiber illegaler Download Websites haben sich sogenannte Filehoster bzw. Oneclick-Hoster etabliert. Filehoster bieten kostenlos Speicherplatz im Internet an und werden besonders seit 2004 immer häufiger dazu genutzt, illegale Musik- und Filmdownloads anzubieten. Bekanntestes Beispiel ist der Oneclick-Hoster Rapidshare, der über ein enorm hohes Verkehrsaufkommen (*traffic*) im Internet verfügt. Der Vorteil für die Anbieter liegt bei der Nutzung von Filehostern in der Anonymität. Außerdem muss kein eigener Speicherplatz zur Verfügung gestellt werden. Die Links zu den entsprechenden Downloads von den Servern der Filehoster können zudem verschlüsselt werden, was das Aufspüren der Dateien durch die Vertreter der Rechteinhaber erschwert (vgl. Joos et al. 2008: 165f.).

Trotz dieser neuen Entwicklungen ist die Rolle der Tauschbörsen beim illegalen Musikdownload nach wie vor sehr bedeutend (vgl. Bundesverband Musikindustrie 2007a: 28). Ab 1999 stand die Napster Software zum Download zur Verfügung und erlangte rasend schnell einen enorm hohen Verbreitungsgrad und große Popularität unter Internetnutzern weltweit (vgl. Friedrichsen et al. 2004: 45). Der Student Shawn Fanning entwickelte Napster 1999, um Musikdateien zwischen Freunden über das Internet tauschen zu können. Er stellte die Software kostenlos online, woraufhin bereits im ersten Quartal 2000 weltweit acht Millionen Nutzer die Software verwendeten. Im zweiten Quartal 2001 war die Nutzerzahl auf 86 Millionen angestiegen und die Musikindustrie leitete eine Klage gegen Napster wegen der Verletzung von Urheberrechten ein (vgl. Hess 2003: 428). Der Bertelsmann Konzern interessierte sich für Napster und beteiligte sich unter der Führung des Bertelsmann Vorstandsvorsitzenden Thomas Middelhoff an dem kleinen Unternehmen. Gleichzeitig unterstützte Bertelsmann jedoch weiterhin die anderen Plattenlabels im Rechtsstreit gegen Napster (vgl. Renner 2008a: 209ff.). Es gelang den Musikkonzernen schließlich Mitte 2001, Napster zu schließen. Bertelsmann hatte immer noch Interesse, aus der illegalen Tauschbörse ein legales Online-Musikangebot zu schaffen, doch dieses Vorhaben scheiterte aufgrund komplizierter Verhandlungen mit den anderen Major Labels (vgl. Friedrichsen et al. 2004: 48; Hess 2003: 430). Bertelsmann bot den Majors eine Beteiligung an Napster an, aber die Präsidenten der Majors zeigten dennoch wenig Begeisterung, so dass sich Napsters Markteintritt als legaler Anbieter erheblich verzögerte (vgl. Renner 2008a: 212). Bevor das Projekt umgesetzt werden konnte, hatten sich bereits neue, ebenfalls kostenlose Musiktauschbörsen wie Morpheus und Kazaa auf dem Markt etabliert, die bald an den Erfolg von Napster anknüpften. Napster ging im September 2000 in die Liquidation und Bertelsmann zog sich aus dem Unternehmen zurück (vgl. Hess 2003: 430). Renner sieht das Scheitern des Vorhabens als vertane Chance für die Musikindustrie an:

> Napster bot die historische Chance, mit einer riesigen und funktionierenden Community aus Musikliebhabern in Verbindung zu treten und sie womöglich von den Vorteilen einer legalen Geschäftsbeziehung zu überzeugen. Stattdessen hat sich die Musikwirtschaft auf einen ermüdenden und langfristig aussichtslosen Kleinkrieg eingelassen, in dem sich Millionen Internetnutzer wie Guerillakämpfer fühlen dürfen und die Branche sich mitunter wie ein zorniger Tyrann verhält. (Renner 2008a: 214)

Plattenfirmen, wie auch viele Stimmen in der Literatur, gehen davon aus, dass die Piraterie zumindest größtenteils für die Umsatzeinbrüche der letzten Jahre verantwortlich ist (etwa Recording Industry Association of America 2009: 59ff.; Stein/Jakob 2003: 470; Ventroni 2005: 55; Kotler et al. 2007: 186; Briegmann/Jakob 2005: 84f.). Es gibt aber auch andere Theorien. Eine Studie der Harvard Business School von 2002 ergab, dass illegale Musiktauschbörsen im Internet der Industrie nicht schaden, sondern im Gegenteil, ähnlich wie das Radio oder Musik-TV-Sender, die Musikkäufe ankurbeln (vgl. Silverthorne 2009: 69). Die Studie kam zu dem Ergebnis, dass die meisten Downloads in Tauschbörsen von Jugendlichen mit wenig finanziellen Mitteln getätigt werden, die die entsprechenden heruntergeladenen Titel ohnehin nicht kaufen würden, so dass der Musikindustrie dadurch keine Umsätze entgehen. Aber auch die ältere Generation mit ausreichend finanziellen Mitteln nutzt Tauschbörsen. Die Studie kam zu dem Ergebnis, dass diese ältere Nutzergruppe die Tauschbörsen verwendet, um zwei oder drei Titel eines Albums herunterzuladen, um dann bei Gefallen das gesamte Album regulär zu kaufen (vgl. ebd.). Den Forschern zufolge weisen Tauschbörsen eine kaufstimulierende Wirkung auf und sollten von der Industrie als Marketinginstrument genutzt werden (vgl. ebd.).

5.2.3 Kommerzielle Musikangebote neuer Marktakteure

Seit einigen Jahren steigt die Zahl legaler Download-Angebote im Internet. Die Konsumenten sind auch zunehmend bereit diese zu nutzen. Nach der Anmeldung bei einem entsprechenden Musik Download-Anbieter (z.B. iTunes) kann der Konsument im angebotenen Repertoire stöbern, gezielt nach Künstlern, Genres oder Songs suchen sowie einzelne Titel probehören. Zusätzliche Software muss dabei in der Regel nicht installiert werden. Der Kunde kann sowohl einzelne digitale Musiktitel erwerben als auch ganze Alben. Die Bezahlung erfolgt üblicherweise über Kreditkarte oder ein Guthabenkonto (vgl. Kotler et al. 2007: 185; Eigen 2007: 47). 2008 wurden in Deutschland 37,4 Millionen Musiktitel legal im Internet erworben, im Vergleich zum Vorjahr bedeutet das einen Zuwachs von 22 Prozent. Digitale Albenverkäufe sind in Deutschland sogar um 57 Prozent gegenüber 2007 gestiegen und lagen im Jahr 2008 bei 4,4 Millionen (vgl. IFPI 2009: 6). Weltweit wurden 2008 1,4 Milliarden digitale Musiktitel online gekauft (vgl. IFPI 2009: 10). Zum Teil kann der Zuwachs damit begründet werden, dass die legalen Download Angebote zunehmen attraktiver für den Nutzer gestaltet werden. Eine große Einschränkung der früheren Angebote lag im sogenannten Digitalen Rechtemanagement (DRM), einem Kopierschutz für digitale Musiktitel, der die Nutzung der heruntergeladen Musiktitel einschränkt, indem kontrolliert wird, wie oft ein Nutzer eine Datei abspielen oder kopieren darf (vgl. Kleitz 2007: online). Heute wird weitgehend auf das Digitale Rechtemanagement verzichtet, so dass die Nutzer die Musiktitel beliebig oft und auf sämtlichen Geräten abspielen können (vgl. Mertens 2009: 23; IFPI 2009: 10).

Das Downloadportal iTunes von Apple ist weltweit Marktführer unter den kommerziellen Online-Musikangeboten. iTunes ist in 22 Ländern präsent und verfügt über acht Millionen DRM-freie lizensierte Musiktitel. Im Januar 2009 verkündete iTunes, seit Markteintritt weltweit sechs Milliarden Downloads verkauft zu haben (vgl. IFPI 2009: 10). iTunes hatte geschafft, was die Musikindustrie selbst über Jahre vergeblich versuchte: Die Repertoires aller Major Labels auf einer einzigen Download-Plattform anbieten zu können. Der relativ erschwingliche Preis von 0,99 Euro pro Musiktitel und 9,99 Euro pro Album wird durch den sehr erfolgreichen iPod subventioniert, der im MP3 Player Segment einen Marktanteil von etwa 80 Prozent aufweist. Auch in Deutschland ist iTunes seit 2004 mit großem Erfolg vertreten und hat den deutschen Musikmarkt seitdem maßgebend geprägt (vgl. Kleitz 2007: online; Eigen 2007: 43).

Der etablierte Online Händler Amazon.com stieg 2007 mit AmazonMP3 ebenfalls ins digitale Downloadgeschäft ein. Mittlerweile bietet AmazonMP3 mehr als sechs Millionen DRM-freie Musiktitel aller großen Labels und tausender Independent Labels an und macht iTunes Konkurrenz. In Deutschland ist AmazonMP3 jedoch bisher nicht verfügbar (vgl. IFPI 2009: 10). Größter Anbieter auf dem deutschen Markt neben iTunes ist Musicload, ein Download-Portal von T-Online (vgl. Eigen 2007: 47). Die Stiftung Warentest testete 2005 zwölf Anbieter von Musik-Downloadportalen und wählte Musicload als besten Anbieter. Positiv hervorgehoben wurden vor allem die komfortablen Einkaufsbedingungen, die informative Aufmachung, eine hohe Trefferquote bei der Titelsuche und die Vielzahl an Zahlungsmöglichkeiten (vgl. Kotler et al. 2007: 186). Musicload spielte eine entscheidende Rolle bei der Etablierung des legalen Vertriebs von Musik über das Internet in Deutschland. Als Musicload 2003 den Markt betrat, dominierten illegale Musikangebote über Tauschbörsen wie Kazaa. Es galt also, die Nutzer von den Vorteilen eines kostenpflichtigen Downloadportals zu überzeugen. Und auch die Musiklabels waren zunächst zu überreden, ihr Repertoire für den digitalen Vertrieb über Musicload freizugeben. Die Labels hatten damals noch erhebliche Vorbehalte gegenüber der Vertreibung urheberrechtlich geschützter Musiktitel über das Internet (vgl. Kotler et al. 2007: 185f.). Die Überzeugungsarbeit gelang, und so war Musicload von Beginn an in der Lage, eng mit der Musikindustrie zusammenzuarbeiten und ein umfangreiches Repertoire über das Portal anzubieten. Musicload verzeichnete 2005 rund 15,5 Millionen Downloads und verfügte Anfang 2006 über mehr als 2,1 Millionen registrierte Nutzer. Auch wird Musicload aufgrund seines Knowhows und der technologischen Kompetenz von T-Online als wichtiger Ansprechpartner zum Thema digitaler Musikvertrieb wahrgenommen (vgl. Kotler et al. 2007: 187).

Neben den immer beliebteren legalen Musik-Downloadportalen, erlangt auch das Streaming wachsende Bedeutung (vgl. Eigen 2007: 47). Unter Streaming versteht man die Übertragung von Dateien über das Internet, wobei die Audio- oder Videodateien gleichzeitig empfangen und wiedergegeben werden (vgl. Brunner 2004: 164). Die Streaming Technologie wird vor allem von Internetradios wie Last.fm genutzt. Bei Last.fm findet der Nutzer viele Millionen Musiktitel, die direkt per Streaming angehört werden können, ohne dass die Dateien auf die Festplatte geladen werden. Das besondere an Last.fm ist, dass es sich um ein personalisiertes Online-Radioangebot handelt. Dem Nutzer werden, basierend auf seinem Musikgeschmack, neue Titel und Künstler vorgeschlagen. Zusätzlich bietet Last.fm umfangreiche Community-Funktionen. Teilnehmer mit ähnlichem Musikgeschmack bilden Gruppen und können sich dort austauschen. Auch besteht die Möglichkeit, in den virtuellen Plattensammlungen anderer Nutzer zu stöbern und eventuell auf interessante neue Künstler zu stoßen (vgl. Alby 2008: 99ff.). Einen weniger radioähnlichen Ansatz verfolgen Anbieter wie Spotify. Ursprünglich ein schwedischer Dienst, ist Spotify mittlerweile auch in Ländern wie Großbritannien, Spanien sowie in Deutschland verfügbar. Die angebotenen Preismodelle bestehen aus einer Monatsflatrate für zehn Euro sowie einer Tagesflatrate für einen Euro. Der Nutzer kann dann im entsprechenden Zeitraum den gesamten Musikkatalog auf beliebig vielen Computern und ohne Einschränkung streamen. Alternativ wird auch eine kostenlose Variante angeboten, die durch Werbeeinblendungen finanziert wird. Diese Kombination aus kostenpflichtigem und kostenfreiem Angebot ist bisher neu (vgl. Lischka 2009: online).

Für etablierte wie auch für neue Künstler sind Portale wie mp3.com oder eMusic.com interessant. Ziel deren Geschäftsmodells besteht darin, Künstlern eine Alternative zum Weg über Musikverlag und Plattenfirma zu bieten Der Musiker stellt seine Werke dem Anbieter zur Verfügung, der sie dann im MP3-Format auf seiner Website einstellt und zum Download anbietet. Ein oder zwei Titel jedes Albums stehen meist kostenlos zum Herunterladen bereit (vgl. Kratzberg 2008: 37; Hummel 2003: 453). Aufgrund der Masse an Künstlern, die ihre Musik mittlerweile im Internet präsentieren, dürfte es für Newcomer allerdings schwierig sein, anhand von Anbietern wie eMusic, die Aufmerksamkeit auf sich zu lenken (vgl. Beck 2002: 300; Huber 2008: 178). Newcomer sind in der Regel nicht in der Lage, auf einen Vermarktungsapparat zurückzugreifen, der mit dem der Plattenfirmen vergleichbar ist (vgl. Beck 2002: 300).

Das gleiche Problem ergibt sich beim Direktvertrieb von Newcomern über eigene Künstlerwebsites. Immer mehr Musiker bieten kostenlose MP3 Downloads auf ihren Websites oder über soziale Netzwerke (*Social Networks*) wie MySpace an (vgl. Espejo 2009: 9). In Einzelfällen haben es neue Künstler aber schon geschafft, über diesen Weg den Durchbruch zu schaffen. Die Rockband Arctic Monkeys erlangte über MySpace eine derart hohe Popularität, dass sich ihre Debut Single am Tag der Veröffentlichung über 60.000-mal verkauft. Der Vorteil des direkten Vertriebs über eigene Websites oder über soziale Netzwerke liegt darin, dass sich der Künstler direkt an den Konsumenten wenden kann. Besonders die *Social Networks* MySpace und Facebook werden von aufstrebenden Künstlern als Promotionswerkzeug benutzt (vgl. Huber 2008: 177f.). Auch bleibt der Künstler Inhaber aller Rechte und muss diese nicht an einen Musikverlag oder ein Label abtreten. Für bereits etablierte Künstler ist ein solches Geschäftsmodell daher sehr interessant. Stars wie David Bowie und Prince gehen bereits erfolgreich diesen Weg (vgl. Stähler 2002: 272; Mayer 2007: 20). Der Musiker Prince richtete z.B. bereits 2001 die Website NPG MUSIC CLUB für den Vertrieb seiner Musik ein und verzichtete eine Zeitlang vollkommen auf ein Plattenlabel (vgl. Steinkrauß 2005: 31). Seit Ende März 2009 bietet Prince auf seiner neuen Website LOTUSFLOW3R.COM für 77 US Dollar drei neue Alben zum Download an und im Preis inklusive einen einjährigen Zugang zu raren Konzertaufnahmen, Fotos und weiterer Musik. Der Direktvertrieb ist für den internationalen Musikstar Prince ein lukratives Geschäft, da er die Einnahmen nicht mit einem Plattenlabel teilen muss (vgl. Ohler 2009: online). Eigene Künstlerwebsites sind jedoch in jedem Fall auch für Newcomer als unterstützende Maßnahme sinnvoll, um potentielle Konsumenten zu informieren, zu unterhalten und dadurch zum Kauf anzuregen (vgl. Kratzberg 2008: 39). Eine weitere Alternative zu den traditionellen Plattenlabels bieten Online Labels. Sie erbringen in der Regel dieselben Leistungen wie die klassischen Plattenfirmen, verzichten jedoch auf den Vertrieb physischer Tonträger und beschränken sich auf die Onlinedistribution. Ein Beispiel ist das Online Label RCRD LBL, das seit 2007 kostenlose Musikdownloads anbietet und u.a. durch Werbeeinnahmen Erlöse generiert (vgl. Espejo 2009: 8f.).

5.2.4 Bisherige Reaktionen der Plattenfirmen

Seit Jahren versucht die Musikindustrie das unautorisierte Kopieren von CDs und die Nutzung illegaler Tauschbörsen im Internet zu bekämpfen. Eine der zentralen Strategien im Kampf gegen die Piraterie war jahrelang der Einsatz von Kopierschutzsystemen. CDs wurden mit einem Kopierschutz versehen, so dass das Brennen sowie die Übertragung der

Musikdateien auf den Rechner nicht mehr möglich waren (vgl. Huber 2008: 165). Legal heruntergeladene digitale Musiktitel wurden ebenfalls Kopierschutzsystemen (DRM) ausgestattet, um die Nutzung der Dateien bestimmen und einschränken zu können. Mit Hilfe digitaler Wasserzeichen wurden Informationen über den Rechteinhaber und seine spezifischen Rechte versteckt an den Inhalt gebunden (vgl. Hess 2003: 433). Mittlerweile hat bei den Labels aber ein Umdenken stattgefunden. Sie haben akzeptiert, dass der Einsatz von Kopierschutzprogrammen kein wirksames Mittel gegen die Piraterie ist, denn sämtliche Kopierschutzsysteme sind umgehbar (vgl. Lüke 2007: online; Huber 2008: 165). Zudem wurde der Einsatz der verschiedenen Kopierschutzmaßnahmen ständig von Kompatibilitätsproblemen mit zahlreichen Abspielgeräten begleitet. Aufgrund der ständigen Weiterentwicklung der benötigten Hard- und Software kann ein Kopierschutz nie zu allen Geräten und Programmen kompatibel sein (vgl. Renner 2008a: 342). Die Abspielprobleme der kopiergeschützten CDs führten nicht nur zur berechtigten Verärgerung zahlender Kunden (vgl. Kleitz 2007: online), sondern sogar zu Sammelklagen der Verbraucher gegen die Major Labels (vgl. o.V. 2003 „Französische Verbraucherschützer": online; o.V. 2006 „Rootkit-Rechtsstreit": online). Auch die Nutzungseinschränkung digitaler Musiktitel durch DRM-Systeme stieß bei den Kunden auf wenig Akzeptanz (vgl. Kleitz 2007: online). Universal Music brachte im Jahr 2003 CDs auf den Markt, die zwar auf dem Cover ausdrücklich als kopiergeschützt ausgewiesen waren, tatsächlich aber keinerlei Schutzsystem enthielten. Ziel war es, den unangenehmen Kompatibilitätsproblemen der Kopierschutzsysteme aus dem Weg zu gehen, den gesetzestreuen Konsumenten aber trotzdem von unrechtmäßigem Kopieren abzuhalten (vgl. Renner 2008a: 342). Der ehemalige Geschäftsführer von Universal Music Deutschland Tim Renner erklärt: „Der notorische CD-Ripper konnte sich bestenfalls wundern, dass der Schutz derartig einfach zu umgehen ist". (2008a: 342) Auch diese Strategie von Universal Music sowie die gesamte Kopierschutzstrategie der Musikindustrie führte jedoch nicht zum erwünschten Erfolg (vgl. ebd.).

Letztendlich wurden zahlende Kunden durch die unausgereiften Kopierschutzsysteme benachteiligt, während das Problem des unrechtmäßigen Kopierens nach wie vor ungelöst bleibt (vgl. Huber 2008: 165; Friedrichsen et al. 2004: 19). EMI Music begann schließlich 2007 als erstes Major Label damit, nicht nur CDs, sondern auch digitale Musiktitel ohne jeglichen Kopierschutz anzubieten (vgl. Lüke 2007: online). Mittlerweile folgen die anderen Major Labels dem Beispiel von EMI und bieten ihre Musik wieder kopierschutzfrei an (vgl. Mertens 2009: 23; IFPI 2009: 10).

Eine weitere Strategie der Musikindustrie im Kampf gegen die Piraterie besteht darin, illegale Musikangebote im Internet mittels rechtlicher Schritte zu verhindern. Bei serverbasierten P2P-Systemen wie Napster konnten die Anbieter noch relativ einfach ausgemacht werden und zur Verantwortung gezogen werden, bei dezentralen Systemen wie Kazaa ist das jedoch kaum möglich (Kapitel 5.2.2). Die Musikindustrie hat deshalb begonnen, auch einzelne Nutzer strafrechtlich zu verfolgen und zivil-rechtlich zu verklagen (vgl. Eigen 2007: 43). Im Jahr 2007 kam es in den USA zur Klage sechs großer Plattenfirmen gegen eine Privatperson, die vierundzwanzig urheberrechtlich geschützte Titel über den P2P-Service Kazaa zum Tausch angeboten hatte (vgl. Espejo 2009: 7). Die Musikin-dustrie spricht zwar von Erfolgen durch die juristischen Maßnahmen, so sank die Zahl der kostenlos aus dem Internet heruntergeladen Musiktitel in Deutschland von 622 Millionen im Jahr 2002 auf 312 Millionen 2007 (vgl. Bundesverband Musikindustrie 2007a: 22ff.). Doch hat das juristi-sche Vorgehen gegen einzelne Nutzer, zumeist junge Menschen, zur Kriminalisierung einer der wichtigsten Zielgruppen der Musikindustrie geführt. Durch derartige Maßnahmen gegen Einzelpersonen erlitt die Musikindustrie einen enormen Imageverlust, der nur schwer wieder umzukehren sein wird, so dass Friedrichsen et al. von einem Pyrrhussieg sprechen (2004: 9f).

Während die Musikindustrie in erster Linie die kostenlosen Alternativen im Internet für die Umsatzrückgänge der letzten Jahre verantwortlich macht, gibt es in der Literatur weit mehr Erklärungsansätze. Unter ande-rem wird angeführt, dass es lange Zeit an legalen Alternativen zu den illegalen Angeboten gefehlt habe (vgl. Eigen 2007: 42). Erst nachdem Napster Millionen von Nutzern angezogen hatte, begann die Musikin-dustrie mit ersten eigenen Projekten, um auf die Entwicklung des Mu-sikangebots im Internet zu reagieren (vgl. Wetzel 2004: 225; Hess 2003: 429). Als erstes startete im Dezember 2001 das Online-Musikportal Pressplay in Zusammenarbeit von Universal und Sony Music. Die Nut-zer konnten allerdings nur ca. 15 Prozent aller Titel herunterladen und auf CD brennen, und das auch nur dann, wenn sie das teuerste Abon-nement in Anspruch nahmen. Die restlichen Titel standen nur zum Streaming bereit. Pressplay war allgemein deutlich zu teuer und blieb erfolglos. Das Pendant zu Pressplay bildete Music Net, das von Warner, BMG und EMI ins Leben gerufen wurde und ebenso erfolglos blieb (vgl. Renner 2008a: 206f.).

Tim Renner kommentiert:

> Beides Totgeburten, denn sie ignorierten die wichtigste Regel, wenn
> es darum geht, ein illegales Angebot zu bekämpfen: Du musst min-
> destens so gut sein wie der Pirat. (Renner 2008a: 207)

Neben den zu hohen Preisen war ein weiterer Nachteil für die Kunden,
dass nicht das gesamte Repertoire aller großen Plattenfirmen innerhalb
eines Downloadportals zur Verfügung stand.

> Wer interessiert sich schon dafür, auf welchem Label Madonna,
> Depeche Mode oder die Beastie Boys erscheinen? Der Konsument
> verlangt im Netz, genauso wie im normalen Handel, die Vollstän-
> digkeit des Angebots. Wer der Produzent ist, welches Label auf der
> Platte steht, interessiert ihn in der Regel nicht. (Renner 2008a: 207)

Beide Portale wurden nach kurzer Zeit wieder geschlossen (vgl. Renner
2008a: 208).

Im Gegensatz zu den erfolglosen Portalen Pressplay und Music Net,
hatte das deutsche Downloadportal Popfile (jetzt UMusic), das von Universal Music mit der T-Com als Partner auf den Markt gebracht wurde,
einen erfolgreichen Start. Die Nutzungsbedingungen waren um einiges
freundlicher – so kostete ein Song 99 Cent und der Kunde konnte alle
verfügbaren Titel herunterladen und auch auf CD-Rohlinge brennen.
Nachdem anfangs in Erwägung gezogen wurde, die Titel ohne jeglichen
Kopierschutz anzubieten, griff Universal letztendlich doch auf ein Digital Rights Management System zurück, das die Telekom und das Fraun-
hofer-Institut entwickelt hatten. Der Einsatz eines Kopierschutzsystems
bedeutete im Vergleich mit den illegalen Tauschbörsen einen technischen Mehraufwand für die Kunden. Zur Wiedergabe mussten die Titel
zunächst von einem Windows Programm namens My-Playlist in das
gängige Microsoft Format WMA umgewandelt werden. Erst dann konnten die Songs im gebräuchlichen Windows Media Player abgespielt und
auch auf CD gebrannt werden. Auf vielen mobilen Playern, wie beispielsweise auch dem iPod von Apple, waren die Titel allerdings nicht
abspielbar. Trotz dieser Mängel in der Benutzerfreundlichkeit sowie der
Beschränkung der Titelauswahl auf das Universal Music Repertoire,
diente Popfile als positiv aufgefasstes Signal, als Startschuss für die gesamte deutsche Musikbranche. Einer der großen Majors hatte es geschafft, mit Erfolg ein Download-Portal auf den Markt zu bringen. Zudem wies Popfile das Potenzial auf, das erste Online-Musikportal zu
werden, an dem sich alle Majors beteiligen und das den Konsumenten
somit eine größtmögliche Titelauswahl bieten kann (vgl. Renner

2008a: 220ff.). Diese Idee sollte im Rahmen des Projekts PhonoLine umgesetzt werden, gedacht als Weiterentwicklung von Popfile (vgl. Renner
2008a: 225). Letztendlich wurden sich die Labels über die genaue Ausgestaltung von PhonoLine jedoch nicht einig. Der Plan, endlich eine Mu-
sikplattform im Internet zu schaffen, die das komplette Repertoire aller
großen und zahlreichen kleineren Plattenfirmen anbietet, scheiterte. Die
Chance für die Musikindustrie, die komplette Kontrolle über Musikrech-
te, Kundendaten und Bezahlung zu übernehmen, wurde damals vertan
(vgl. Renner 2008a: 231). Popfile bietet bis heute lediglich das Repertoire
von Universal an – die anderen Plattenfirmen weigern sich, an den
Wettbewerber Universal zu lizenzieren (vgl. Renner 2008a: 230). Stattdessen brachte T-Online das erfolgreiche Downloadportal Musicload auf
den deutschen Markt (Kapitel 5.2.3) (vgl. Renner 2008a: 231).

Eigene alternative Angebote der Plattenfirmen zur Zurückeroberung des
Musikmarkts sind sicher ein zukunftsorientierterer Ansatz als der Versuch, die ohnehin unaufhaltsame Internetentwicklung zu bekämpfen.
Die Musikindustrie wurde von der Internetrevolution regelrecht über-
rumpelt und hat die veränderten Marktgegebenheiten durch die technische Weiterentwicklung unterschätzt (vgl. Friedrichsen et al. 2004: 7). Ein
Grund für die späte Reaktion auf das Internet und die damit verbundenen Entwicklungen kann in der Marktform der Major Labels gesehen
werden. Ihre enge oligopolistische Organisation brachte ihnen bisher
zwar viele Vorteile ein (vgl. Kapitel 4.4.3). Problematisch ist jedoch, dass
in Branchen, in denen nur geringe Wettbewerbsanstrengungen nötig
sind, leicht eine gewisse Trägheit entsteht. Innovationen seitens der
Branche bleiben aus und solchen, die von außerhalb kommen, wird
oftmals ablehnend begegnet. Diese Situation trifft heute auch auf die
Gruppe der Majors zu, die es versäumt hat, die Vorteile von Digitalisierung und Internet aktiv für sich zu nutzen und stattdessen einseitig
abwehrend auf den technischen Fortschritt reagiert hat (vgl. Hummel
2003: 443). Durch diese Trägheit der Plattenfirmen und deren überwie-
gend negative Einstellung gegenüber neuen Geschäftsmodellen, die auf
digitaler Musik basieren, hat die Musikbranche es versäumt, den Internetmusikmarkt von Anfang an nach ihren Vorstellungen mitzugestalten
und zu prägen (vgl. Renner 2008b: 269).

5.3 Der Einfluss des Internets auf die Musikindustrie

Die zahlreichen neuen Geschäftsmodelle, sowohl in Form illegaler als
auch kommerzieller neuer Musikangebote, bringen die traditionellen
Strukturen der Musikindustrie durcheinander. Die Positionen der
Marktteilnehmer und deren Beziehung zueinander verschieben sich

durch den boomenden Internetmarkt, was zu einer veränderten Struktur der Musikbranche führt. Durch neue Marktteilnehmer und die Digitalisierung unternehmensinterner Geschäftsprozesse, führt der Internetmarkt auch zu einem Wandel der Wertschöpfung von Musik.

5.3.1 Auswirkungen auf die Wertschöpfung

Durch die Digitalisierung ist das Internet als neue Technologie heute in der Lage, sämtliche Bestandteile der klassischen Wertschöpfungskette der Musikindustrie zu beeinflussen (vgl. van Dyk 2005: 188). Besonders der Bereich der Distribution ist durch die technologischen Entwicklungen starken Veränderungen unterworfen und wird langfristig neu definiert (vgl. Bauckhage 2002: 108). Der Tonträger als Trägermedium wird nicht mehr gebraucht. Anstatt dessen können digitalisierte Produkte über die neuen Medien zum Endkunden gelangen. Die größte Veränderung der Wertschöpfungsstufe der Distribution bilden die wesentlich geringeren Kosten für den Vertrieb digitalisierter Produkte. Theoretisch gehen die Kosten für die reine Distribution zwar gegen null, in der Praxis fallen für die digitale Distribution jedoch einige Zusatzkosten an (vgl. Strube et al. 2008: 189). Der Aufbau eines Online Portals zur digitalen Musikdistribution benötigt ein hohes Anfangsinvestment. Bei der Aufbereitung der Musiktitel und aller verbundenen Prozesse für die digitale Belieferung entstehen erhebliche Kosten, die zunächst die Erlöse schmälern. Da die Labels bisher bei der digitalen Distribution noch auf Intermediäre zurückgreifen, kommen die vorgeleisteten Entwicklungskosten der Shopsystemanbieter hinzu (vgl. van Dyk 2005: 190f.). Ist die Gewinnschwelle erreicht, steigen die Erlöse aber erheblich an, da die reine Distribution digitaler Inhalte tatsächlich sehr kostengünstig ist. Aufgrund der nur schwer durchsetzbaren Preise für digitalisierte Musiktitel (vgl. van Dyk 2005: 191f.), des späten Einstiegs der Musikindustrie ins digitale Geschäft und der bisher, trotz der positiven Entwicklung, kleinen Nutzerzahlen kommerzieller Downloadportale, kann der derzeitige Umsatzrückgang der Musikindustrie momentan nicht durch die digitale Distribution aufgefangen werden. Die Plattenfirmen, die Musikdownloads im Gegensatz zu branchenfremden Anbietern nicht primär als Promotionsinstrument benutzen, sondern auf die Downloads als wesentliche Umsatzquelle angewiesen sind, haben gegenwärtig einen Nachteil (vgl. Steinkrauß 2005: 36f.). Die digitale Musikdistribution steht jedoch erst am Anfang ihrer Entwicklung und eine Steigerung der Absatzzahlen in den nächsten Jahren ist zu erwarten (vgl. Jakob 2005: 80).

Die Wertschöpfungsstufe der Musikaufnahme und -produktion wird als einziger Bereich nicht direkt durch das Internet beeinflusst. Die Digitaltechnik hat jedoch die die Art der Musikproduktion verändert, was hier nur der Vollständigkeit halber erwähnt werden soll (vgl. Renner 2008a: 363). Auch wenn live eingespielte, echte Instrumente nicht zu ersetzen sind, werden aus Kostengründen heute häufig Computerproduktionen vorgezogen. Die Studios für Computerproduktionen brauchen weniger Ausstattung und sind daher kostengünstiger (vgl. Künne/Torkler 2005: 115).

Neben den Auswirkungen auf die Wertschöpfungsstufe der Distribution, hat das Internet auch Einfluss auf die typische A&R Tätigkeit, das Aufspüren neuer Talente. Die Kontaktaufnahme des Künstlers kann durch eine Uploadmöglichkeit für Musiktitel auf der Website des Labels erleichtert werden und das bisher übliche Demo Tape ablösen. Auch können *Social Networks* wie MySpace oder Künstlerportale den A&R Mitarbeitern der Labels dabei helfen, neue talentierte Musiker und Bands zu finden. Neue Künstler könnten zunächst von den Labels auf dem Internetmusikmarkt getestet werden, bevor die Plattenfirmen das finanzielle Risiko einer physischen Tonträgerdistribution eingehen (vgl. van Dyk 2005: 198).

Das Internet bietet auch kostengünstige Marketing- und Promotionsmöglichkeiten. Im Rahmen der Internetpromotion werden Künstler und Musikprojekte auf reichweitenstarken Websites im Unterhaltungs- und Newsbereich platziert (z.B. T-Online.de oder Bild.de). Auch eigene Label- und Künstlerwebsites werden zu Promotionszwecken eingesetzt. Werbemaßnahmen im Internet sind etwa Werbeemails mit Informationen zu Neuveröffentlichungen und Konzertterminen sowie auch Bannerwerbung. Letztere hat sich allerdings bis dato als ineffektiv erwiesen (vgl. van Hoff/Mahlmann 2005: 144ff.).

Doch nicht nur einzelne Stufen der Wertschöpfung sind von Veränderungen durch das Internet geprägt, sondern die gesamte Wertschöpfungskette unterliegt einem Wandlungsprozess. Heinrich geht bei technischem Fortschritt im Mediensektor grundsätzlich von einer „Kostensenkung und/oder Kapazitätserweiterung und/oder Qualitätsverbesserung bei der Erfassung, Speicherung, Verarbeitung, Weitergabe und Empfang von Informationen" aus (1999: 49). Dies trifft theoretisch auch auf die Musikindustrie als Teil des Mediensektors zu. Wie bereits aufgezeigt, sinken die Kosten durch die Digitalisierung als technischen Fortschritt nicht nur bei der Distribution, sondern auch in den Bereichen der Produktion und Vervielfältigung. Durch diese Kostenersparnisse sind die einzelnen Stufen der Wertschöpfung zugänglicher für neue Anbieter geworden. Sie betätigen sich in einzelnen oder mehreren Teilen der klassischen Wertschöpfungskette der Musikindustrie und tragen so zur „Desintegration der historisch integrierten Wertschöpfungsstufen" bei (Neef/Blömer 2003: 104).

5.3.2 Auswirkungen auf die Branchenstruktur

Vergleicht man die Entwicklung der modernen Musikindustrie mit den Ergebnissen der Branchenstrukturanalyse des traditionellen Tonträgermarkts in Kapitel 4.3.3, zeigt sich eine starke Veränderung der Machtverhältnisse. Auf dem klassischen Musikmarkt konnten die Major Labels ihre Position durch ihre große Finanzkraft und weltweiten Distributionsnetze behaupten. In dem neu entstandenen digitalen Musikmarkt muss jedoch verstärkt mit Wettbewerbern aus anderen Branchen gerechnet werden. Die neuen Anbieter zeichnen sich durch innovative Geschäftsmodelle aus, die Musik im digitalen Format auf neuen Übertragungswegen auf dem Markt anbieten (vgl. Kratzberg 2008: 21). Durch die anfängliche Zurückhaltung der Labels gegenüber dem Internetmarkt, konnten einige der neuen Musikanbieter ihre Marktstellung sehr schnell ausbauen (vgl. Mayer 2007: 18).

Möglich wird der zunehmende Markteintritt branchenfremder Akteure durch die sinkenden Markteintrittsbarrieren, die deren Eintritt auf dem traditionellen Musikmarkt erschwerte. Klassische Markteintrittsbarrieren waren Skaleneffekte bei der Distribution und hohe Fixkosten im Marketing. Die enormen Investitionskosten waren vor allem für kleinere Anbieter ein Hindernis beim Markteinritt in die Musikbranche (vgl. Wetzel 2004: 168; Bauckhage 2002: 109). Die Markteintrittsbarrieren haben sich mit dem Einzug des Internets als Distributionskanal allerdings drastisch verringert (vgl. Renner 2008a: 363). Kapitel 5.3.1 hat gezeigt, dass das Internet Kostensenkungen in den einzelnen Wertschöpfungsstufen herbeigeführt hat, so dass Größenvorteile bei der digitalen Onlinedistribution so gut wie keine Rolle mehr spielen (vgl. Bauckhage 2002: 109). Auch Internetmarketing ist im Vergleich zu Marketingmaßnahmen über die klassischen Medien sehr kostengünstig (vgl. van Dyk 2005: 192).

Da das Internetmarketing relativ kostengünstig ist (Kapitel 5.3.1), stellen hohe Marketingkosten auf dem digitalen Musikmarkt keine Markteintrittsbarriere mehr dar. Marketing wird allerdings in der Musikindustrie zukünftig noch an Bedeutung gewinnen. Durch die steigende Anzahl an Musikanbietern wird es für die Marktteilnehmer noch wichtiger, ihre Unternehmen und Produkte durch geschickte Vermarktung aus der Masse hervorzuheben. Vor allem große Medienunternehmen verfügen über beachtliches Marketing Knowhow und sind als zukünftige potentielle Wettbewerber auf dem Musikmarkt anzusehen (vgl. ebd.). Renner geht bspw. davon aus, dass sich TV-Produktionsfirmen bald selbst im Bereich Künstleraufbau und -vermarktung betätigen werden und durch einen solchen Markteintritt in die Musikbranche zur Anlaufstation für Newcomer werden (2008a: 364). TV-Castingformate wie DEUTSCHLAND SUCHT DEN SUPERSTAR und POPSTARS haben bereits gezeigt, dass das

Fernsehen sich durchaus dazu eignet, Musikstars aufzubauen – auch wenn der Erfolg der erkorenen ‚Superstars' bisher nur von kurzer Dauer war (vgl. Clement/Schusser 2005: 10). Aktuelle Beispiele für neue Konkurrenten auf dem Musikmarkt sind Kommunikationsanbieter wie T-Online (Musicload) oder Endgerätehersteller wie der Computerhersteller Apple (iTunes). Neuerdings haben auch Konsumgüterhersteller Musik als attraktives Freizeitgut entdeckt und experimentieren mit neuen Möglichkeiten, ihre Produkte mit digitaler Musik zu bündeln. Coca-Cola hat z.B. begonnen, kostenlose Musikdownloads über die Produktwebsite anzubieten. Telekommunikationsanbieter versuchen durch Downloadangebote, Neukunden zu generieren sowie Kundenabwanderung zu reduzieren (vgl. Jakob 2005: 79). Durch derartiges Bundling gelingt es den neuen Anbietern, die Attraktivität und dadurch den Umsatz ihrer Hauptprodukte zu steigern (vgl. Steinkrauß 2005: 35f.). Schließlich sind auch die Anbieter illegaler Musikangebote im Internet als neue Marktteilnehmer anzusehen (vgl. Mayer 2007: 19). Insgesamt ist auf dem digitalen Internetmusikmarkt im Vergleich zum traditionellen Tonträgermarkt von einer deutlich erhöhten Gefahr durch den Markteintritt neuer Marktakteure auszugehen (vgl. ebd.).

Im Gegensatz zu den traditionellen Labels tätigen die neuen Musikanbieter keine vergleichbar hohen Vorinvestitionen in die Schaffung von musikalischen Inhalten. Sie nehmen keine Künstler unter Vertrag und investieren nicht in deren Aufbau. Durch diese Ersparnis ist das Geschäft dieser Anbieter im Vergleich zu den Labels deutlich weniger risikobehaftet, da sie nicht Gefahr laufen, in Produkte zu investieren, die sich später als erfolglos herausstellen. Beispiele liefern die bereits genannten Unternehmen Apple und T-Online, die durch ihre Download Stores als digitale Musikanbieter fungieren, ohne mit den Plattenfirmen vergleichbare Risiken auf sich nehmen zu müssen. Die klassischen Labels sind durch ihr riskantes Geschäftsmodell eindeutig im Nachteil gegenüber den neuen Marktteilnehmern (vgl. Kromer 2008: 202).

Auch die Independent Labels werden zunehmend zu Konkurrenzunternehmen der Major Labels, da sie durch die Möglichkeiten der Onlinedistribution weniger auf deren physische Vertriebsnetze angewiesen sind (vgl. Mayer 2007: 19; Bauckhage 2002: 109). Auch ohne Hilfe der Majors können die Independent Firmen ihre Musik über das Internet weltweit vertreiben. Aufgrund des tendenziell wachsenden Musikangebots, gewinnt die Vermarktungskompetenz von Musikunternehmen noch an Bedeutung. Die Majors verfügen über die notwendige Erfahrung und Kontakte zu den Medien, um ihre Künstler auch bei starker Konkurrenz erfolgreich vermarkten zu können. Die weniger ausgeprägte Vermarktungskompetenz der Independent Labels war schon immer ein Nachteil, welcher durch den Ausbau der Onlinemärkte für Musik noch entscheidender sein wird (vgl. ebd.). Auch die neuen Produktions- und Vermarktungsoptionen der Künstler im Internet, die eine Alternative zum klassischen Plattenvertrag darstellen (Kapitel 5.2.3), führen zu einer Intensivierung des Wettbewerbs unter den Labels – hauptsächlich auf dem Beschaffungsmarkt.

Die Labels versuchen, bestmöglich auf den intensiven Wettbewerb zu reagieren und experimentieren mit Produktinnovationen und neuen Preisstrukturen. Universal brachte bspw. mit THE COMPLETE U2 das erste sogenannte Digital Box Set auf den Markt, das eine komplette Sammlung aller Titel der Band U2 inklusive zwölf zuvor unveröffentlichten Titeln enthielt. Das Box Set war exklusiv im iTunes Store von Apple verfügbar (vgl. Clement/Schusser 2005: 5). Sony BMG versuchte eine Zeit lang, die unterschiedlichen Zahlungsbereitschaften der Konsumenten durch das Prinzip der leistungsbezogenen Preisdifferenzierung abzuschöpfen. Es wurden drei unterschiedliche Versionen des ansonsten gleichen Produkts zu unterschiedlichen Preisen angeboten. Alben wurden als Günstigvariante ohne Cover, als Standardversion sowie als Luxus Edition mit aufwendigem Booklet angeboten (vgl. Clement/Schusser 2005: 8). Neben der Fragmentierung des Marktes durch die zahlreichen neuen Anbieter, ist gleichzeitig mit einer Verstärkung der Konzentration in der Musikindustrie zu rechnen. Der Gesamtmusikmarkt stagniert zurzeit, weshalb die einzige Möglichkeit, neue Marktanteile zu erobern, in Zusammenschlüssen oder Übernahmen besteht (vgl. Hungenberg 2004: 103).

Vor dem Aufkommen von Musikangeboten im Internet war der Endkunde an das limitierte Sortiment von Musikfachgeschäften, Supermärkten und Elektronikfachgeschäften gebunden. Das Musikangebot im Internet ist hingegen um ein vielfaches breiter und bietet ein höheres Informationsniveau. Im Internet hat der Konsument die Möglichkeiten, schnell und einfach neue Künstler und Genres ausfindig zu machen, die seinem Musikgeschmack entsprechen (vgl. Mayer 2007: 21). Es lässt sich heute eine sehr hohe Kundenpräferenz für differenzierte und personalisierte Produkte und Dienstleistungen beobachten. Die Möglichkeit, einzelne Titel selbst auszuwählen und zusammenzustellen, gilt als Hauptmotiv für das Brennen und Herunterladen von Musik aus dem Internet. Die Konsumenten sind in der Lage, Musiktitel selbst zu bündeln und zu entbündeln (vgl. van Dyk 2005: 189f.), was dazu führt, dass sie gewissermaßen als Koproduzenten in den Wertschöpfungsprozess von Musik eingebunden werden. Bisher lag die Vorauswahl und Bündelung der Musiktitel einzig beim Label (z.B. in Form eines Albums). Das ursprüngliche Bundlingkonzept als Preisstrategie der Plattenfirmen kann jedoch durch die Entkopplung der Inhalte vom physischen Tonträger nicht mehr ohne weiteres aufrecht erhalten werden (vgl. Neef/Blömer 2003: 104).

Ein weiterer Vorteil des digitalen Musikmarkts bezieht der Konsument aus den einfacheren Preisvergleichsmöglichkeiten und der besseren Übersicht über die verfügbaren Produkte (vgl. van Dyk 2005: 196). Dieser Effizienzgewinn für die Kunden sowie auch deren Einbeziehung in die Wertschöpfungskette der Musikindustrie, hat die Marktposition der Kunden gegenüber den Labels deutlich gestärkt (vgl. Welge/Al-Laham 2003: 202). Auch die Möglichkeit der Kunden, nahezu kostenlos durch Brennen oder Herunterladen vollwertige Substitute von Original-Musikprodukten erstellen zu können, verleiht ihrer Marktmacht neues Gewicht. Die einfache Duplizierbarkeit von Musikinhalten als Folge der Digitalisierung lässt Musik immer mehr zu einem vermeintlich öffentlichen Gut mit den Charakteristika der Nichtausschließbarkeit und Nichtrivalität im Konsum werden (vgl. Mayer 2007: 21; van Dyk 2005: 189). Die Strategien der Labels müssen sich an diesen neuen Entwicklungen und Strukturen ihrer Branche orientieren (vgl. van Dyk 2005: 190). Aufgrund der gewachsenen Marktmacht der Konsumenten ist es für die Labels zukünftig von Vorteil, mehr auf deren Präferenzen und Bedürfnisse einzugehen (vgl. Neef/Blömer 2003: 106f.).

So wie die Konsumenten sich auf dem Online-Musikmarkt an einem ursprünglich exklusiven Aufgabenbereich der Labels beteiligen, ergeben sich auch neue Möglichkeiten für die Plattenfirmen, die Tätigkeiten des Handels zu übernehmen. Das Internet führt tendenziell dazu, dass Produzenten ihre Produkte und Dienstleistungen im Direktvertrieb anbieten und versuchen, etablierte Intermediäre zu umgehen (vgl. Hutzschenreuter 2000: 64). Dieser Prozess, bei dem bisher wichtige Zwischenstufen des Transaktionsprozesses übersprungen werden, wird Disintermediation genannt. Die einzelnen Stufen der Wertschöpfung werden verbunden, indem der Hersteller einen größeren Anteil an der Distribution übernimmt, um Kosten einzusparen (vgl. Kröger 2002: 42). Auch für die Plattenfirmen scheint es eine durchaus effiziente Möglichkeit zu sein, mehr über den Direktvertrieb zu verkaufen. Der Wegfall der Handelsmargen führt zu erheblichen Kosteneinsparungen. Auch sind bei der Distribution auf digitalem Wege keine Lagerhaltungskosten und kein Logistikaufwand mehr vonnöten (vgl. Bauckhage 2002: 105). Die Informations- und Beratungsleistung des Handels wird auf dem digitalen Musikmarkt durch den technologischen Einsatz von Suchmaschinen, Empfehlungssoftware oder Communities übernommen (vgl. van Dyk 2005: 195). Zudem bietet das Internet einfache Möglichkeiten für Unternehmen, direkt mit den Endkunden in Kontakt zu treten. Die Labels, die traditionell nur indirekt mit den Konsumenten in Kontakt stehen, können durch einen direkten Onlinevertrieb erstmals ohne zwischengeschaltete Intermediäre mit den Kunden kommunizieren (vgl. Kröger 2002: 42). Ein Vorteil des direkten Kundenkontakts sind neue Möglichkeiten der Marktforschung. An die Stelle des anonymen Käufers tritt ein Kunde mit Profil (vgl. van Dyk 2005: 194). Der Onlinemarkt macht die Labels wesentlich unabhängiger vom Handel, da sie die Distribution ihrer Produkte selbst vornehmen können und auch nicht auf den Handel als Vermittler zum Kunden angewiesen sind. Bisher ist es den Labels jedoch nicht gelungen, den Direktvertrieb im großen Stil erfolgreich zu gestalten. Nicht die Plattenfirmen, sondern Apple, T-Online und Co haben als Anbieter der größten Download Portale derzeit die Kontrolle über die digitale Musikdistribution. An Stelle des traditionellen Handels sind neue Online-Intermediäre getreten, die zwischen Labels und Endkunden vermitteln. Die Majors haben auf dem Onlinemarkt jedoch keinen mit dem physischen Tonträgermarkt vergleichbaren exklusiven Zugang zum Distributionsnetz. Ihre Marktmacht ist deshalb seit dem Aufkommen des Internets als neuem Distributionskanal gegenüber den Intermediären gesunken (vgl. Wetzel 2004: 168; Bauckhage 2002: 111).

Im Bereich der physischen Distribution hat sich an der Abhängigkeit der Labels von den Handelsintermediären nichts verändert. Die traditionellen Handelsunternehmen werden allerdings langsam von Onlineversandhäusern wie Amazon.de zurückgedrängt. Der Anteil der physischen Distribution über Internethändler wächst stetig, so dass, im Gegensatz zum Gesamtmarkt, nicht von einer Krise der letzten Jahre gesprochen werden kann (vgl. Krogmann/Fechner 2003: 348).

Fasst man die Betrachtung der Marktmacht der Kunden gegenüber den Labels zusammen, lässt sich feststellen, dass seit dem Aufkommen des Internets als neuem Distributionskanal die Marktmacht der Labels gegenüber den Intermediären gesunken ist (vgl. Wetzel 2004: 168; Bauckhage 2002: 111).

Die Disintermediation bietet auch neue Alternativen für die Musiker. Bisher waren Künstler in der Regel von den Plattenfirmen abhängig, um durch das Distributionsnetz und die Vermarktungsaktivitäten der Labels überhaupt Zugang zum Konsumenten zu erlangen. Das Internet bietet jedoch heute vor allem bereits etablierten Stars effiziente Alternativen zu einem Plattenlabel. Nicht nur Prince (Kapitel 5.2.3), sondern auch weitere etablierte Stars wie Madonna, Paul McCartney oder die Eagles haben bereits versucht, das Internet als neues Distributionsmedium und alternativen Marketingkanal für ihre Musik zu nutzen und auf diese Weise die Plattenfirmen zu umgehen (vgl. Ohler 2009: online). Auch Newcomer versuchen durch alternative Onlinevertriebswege zum Erfolg zu kommen. Da die Umsätze nicht mit den Labels geteilt werden müssen, entstehen erheblich höhere Gewinnmargen. Der Künstler muss im Vergleich zu einem Vertragsverhältnis mit einem Label nur einen Bruchteil des Umsatzes erwirtschaften, um trotzdem höhere Gewinne zu generieren (vgl. Mayer 2007: 20). Wie schon mehrfach angedeutet, gehen die meisten Newcomer jedoch in der großen Masse an Künstlern im Internet unter. Auch verfügen sie nicht über die notwendigen Ressourcen, um ihre Musik im großen Stil über die klassischen Medien zu vermarkten (vgl. Beck 2002: 300). Daher werden zumindest Newcomer auch künftig auf die groß angelegte und professionelle Marketingmaschine der Majors angewiesen sein. Die Marktmacht der Kreativen steigt durch die zahlreichen Alternativen zum Plattenlabel dennoch geringfügig an. Die Verhandlungsstärke international etablierter Künstler steigt durch die neuen Möglichkeiten im Internet hingegen enorm, da die Labels besonders auf erfolgreiche Stars als Haupteinnahmequelle angewiesen sind (vgl. Mayer 2007: 20).

6 Das Internet als Herausforderung für das Musikmanagement

Im vorangegangenen Kapitel wurden zahlreiche Veränderungen des Musikmarkts aufgezeigt, denen die Labels aufgrund des Einzugs des Internets in die Musikindustrie gegenüberstehen. Die Branchenstruktur hat sich im Vergleich zu den traditionellen Marktbedingungen deutlich zum Nachteil der Labels verschlechtert. Auch nehmen Digitalisierung und Internet Einfluss auf sämtliche Stufen der Wertschöpfung für Musikprodukte, an denen die Plattenfirmen beteiligt sind. Neue Marktteilnehmer konzentrieren sich auf einzelne Wertschöpfungsbereiche, so dass die Major Labels ihre Dominanz über die bisher integrierten Wertschöpfungsstufen aufgeben mussten. Die technologischen Veränderungen bringen aber auch Vorteile mit sich und eröffnen Chancen für die die Plattenfirmen. Um diese Chancen allerdings nutzen zu können, besteht für die Labels die Notwendigkeit, ihr altes Geschäftsmodell hinter sich zu lassen und, basierend auf den neuen technologiegetriebenen Entwicklungen ihrer Branche, ein neues Geschäftsmodell zu gestalten. Die Bedürfnisse der Kunden sollten bei einer strategischen Neuausrichtung der Plattenlabels im Vordergrund stehen. Die angestrebte Kundennähe hat insbesondere für die zukünftige Gestaltung des Marketing-Mix der Plattenfirmen weitreichende Konsequenzen.

6.1 Konsequenzen für das Geschäftsmodell

Die Eigenschaft der Digitalisierbarkeit ist eng mit der Entbündelung des Produkts in seine Einzelbestandteile verknüpft (vgl. Clement/Schusser 2005: 5). Beides zusammen bildet die Voraussetzung sowohl für die Internetpiraterie als auch für kommerzielle digitale Musikangebote. Einzelne Musiktitel werden über das Internet angeboten, so dass der Konsument nicht mehr zwingend das ganze Album kaufen muss, wenn er sich lediglich für einen bestimmten Titel interessiert. Folglich ist er auch nicht mehr dazu bereit, für diesen einen Titel den gesamten Albumpreis zu zahlen (vgl. Hummel 2003: 448ff). Auf dem traditionellen Musikmarkt vor dem Aufkommen von CD-Brennern und Internet bestand keine Möglichkeit zur Entbündelung der Inhalte. Auch konnten Kunden keine vollwertigen Substitute zum Originaltonträger erstellen. Die Plattenfirmen boten also exklusive Produkte an und konnten die Bedingungen ihres Angebots nach eigenen Interessen gestalten. Durch ihre dominante Marktposition waren die Majors problemlos zur Durchsetzung ihrer Verfügungsrechte in der Lage. Weder Handel noch Endkunden hatten einen nennenswerten Einfluss auf die Produkt- und Preisgestaltung der Tonträgerhersteller. Auch wenn der physische Tonträgermarkt derzeit noch wesentlich umsatzstärker als der digitale Internetmarkt ist, der Schwerpunkt der Branche verlagert sich langsam aber sicher auf das digitale Musikgeschäft (vgl. Dopp 2003: 36; Bundesverband Musikindustrie 2007a: 16). Die Durchsetzung von Verfügungsrechten wird für die Labels auf dem Internetmusikmarkt zunehmend schwieriger, was ihr traditionelles Geschäftsmodell, das in erster Linie auf der Durchsetzung von Verfügungsrechten basiert, grundsätzlich in Frage stellt (vgl. Hummel 2003: 447).

Die Musikindustrie muss akzeptieren, dass es unmöglich ist, dem Konsumenten die zukünftige Art des Musikkonsums vorzuschreiben. Ganz im Gegenteil muss sich die Industrie wandeln und den veränderten Konsumgewohnheiten und Bedürfnissen der Konsumenten mit maßgeschneiderten Angeboten begegnen. Dafür müssen die Labels sich von ihrem klassischen Geschäftsmodell lösen und Prozessabläufe und Kostenstrukturen den neuen Marktgegebenheiten anpassen (vgl. Renner 2008b: 267ff.).

Die funktionsübergreifende Ausrichtung der Labels auf die Bedürfnisse der Kunden bildet den Schwerpunkt des neuen Geschäftsmodells. Marketing soll als duales Führungskonzept (Kapitel 3.3) das Leitbild der strategischen Neuausrichtung der Plattenfirmen darstellen (vgl. Meffert 2005: 6f.). Durch Kundenfreundlichkeit und Aufbau einer engen Kundenbindung können die Plattenfirmen versuchen, verlorengegangenes Vertrauen wieder zurückzugewinnen und ihr in Mitleidenschaft gezogenes Image aufzubessern (vgl. Friedrichsen et al. 2004: 157). Bisher weisen die Labels allerdings noch klare Defizite in der Kundenorientierung auf. Der Kontakt zum Konsumenten wurde traditionell über den Handel als Intermediär gestaltet (Kapitel 4.4), weshalb die Plattenfirmen keine Kompetenzen in der Kundenbetreuung entwickeln konnten (vgl. Reineke 2000: 176f.). Zudem haben viele Musikunternehmen als Folge der Musikpiraterie mit einer Negativeinstellung ihrer Mitarbeiter gegenüber den Konsumenten zu kämpfen (vgl. Friedrichsen et al. 2004: 161). Durch die gestiegene Marktmacht der Kunden ergibt sich jedoch umso mehr die Notwendigkeit für die Plattenfirmen, ihre Produkte und Dienstleistungen an die Bedürfnisse und Wünsche der Konsumenten anzugleichen (vgl. Reineke 2000: 176f.). Das Internet bietet eine ideale Plattform für die Labels, die Kundenbindung zu stärken. Konsumenten können über das Internet ohne großen Aufwand individuell angesprochen werden (vgl. Luzar 2004: 36f.). Auch bietet das Internet als neues Medium im Gegensatz zu den traditionellen Massenmedien einen Rückkanal für Kunden (vgl. Gentsch 2004: 126).

Eine Neuausrichtung des Geschäftsmodells der Labels ist dringend notwendig, ansonsten drohen sie überflüssig zu werden. Aufgrund der gefallenen Markteinstiegshürden sind neue Anbieter bereits heute in der Lage, die einzelnen Stufen der Wertschöpfungskette von Musik, die die Labels bisher dominierten, erfolgreich zu bearbeiten. Durch das Internet wurden die groß angelegten Vertriebsstrukturen der Majors austauschbar. Die professionelle Produktion von Musik ist wesentlich günstiger, so dass Musiker selbst zu Produzenten werden. Die inhaltliche Betreuung der Künstler war bisher durch den A&R Manager eine exklusive Dienstleistung der Labels. A&R Manager wissen, wann ein Song auf welche Weise produziert werden muss, um von der Masse der Konsumenten angenommen zu werden. Doch diese Kompetenz der Labels geht durch die Überproduktion und die dabei zahlreich entstehenden One-Hit-Wonders, bei denen der Bezeichnung entsprechend meist nur eine einzige Hitsingle erfolgreich ist, immer mehr unter (vgl. Friedrichsen et al. 2004: 36ff.). Zudem wird die A&R Beratungsfunktion bereits von anderen Anbietern übernommen. Die erfolgreiche deutsche Band WIR SIND HELDEN holte sich für ihr Debütalbum die benötigte Hilfe bei einem Künstlermanagementunternehmen. Selbst Promotion und Marketing, beides Kernkompetenzen der Labels, werden mittlerweile auch von freien Agenturen angeboten. Häufig wurden diese Agenturen von ehemaligen Mitarbeitern der Labels aufgebaut, die aufgrund des schrumpfenden Musikmarkts in den letzen Jahren freigesetzt wurden. Es besteht also Handlungsbedarf seitens der Plattenfirmen, um die eigene Position und Relevanz in der Musikwirtschaft wieder zu stärken (vgl. Renner 2008a: 363ff.).

Da der physische Tonträger zukünftig wohl an Relevanz verlieren wird, sollte ein neues Geschäftsmodell der Labels nicht so stark vom CD-Verkauf abhängig sein wie bisher. Die Rechteauswertung sollte zukünftig auf mehrere Produktgruppen ausgeweitet werden. Bisher investieren die Plattenfirmen hohe Summen in den Aufbau und die Etablierung eines Künstlers, partizipieren aber nur an einem relativ kleinen Teil der Umsatzerlöse. Vor allem die Erträge aus den sehr umsatzstarken Bereichen Live-Konzerte und Merchandising etablierter Künstler fließen bisher größtenteils an den Labels vorbei. Im Bereich der digitalen Musikverwertung, z.B. bei Handyklingeltönen, herrscht eine ähnliche Situation vor (vgl. Stein/Jakob 2003: 477). Eines der Ziele eines neuen Geschäftsmodells der Plattenfirmen sollte also sein, sich in weitere Elemente der Wertschöpfungskette zu involvieren und stärker als Rechteverwerter zu positionieren (vgl. Dopp 2003: 36; Stein/Jakob 2003: 478). Renner vertritt eine ähnliche Ansicht, geht aber noch einen Schritt weiter. Bisher führen das Plattenlabel, der Verlag und das Management unterschiedliche Funktionen getrennt voneinander aus. Diese Trennung hält Renner auf dem zukünftigen Musikmarkt für überholt und unwirtschaftlich: „Egal, ob wir das neue Unternehmen Label, Verlag oder Management nennen, wir brauchen Organisationen, die zu allem gleichzeitig in der Lage sind". (2008a: 370) Das neue Musikunternehmen wäre also für sämtliche Belange des Künstlers verantwortlich, nicht mehr nur wie bisher für die Produktion, Vervielfältigung und den Vertrieb physischer Tonträger. Das Label würde in allen Bereichen gemeinsam mit den Musikern Rechte schaffen und auswerten (vgl. Renner 2008a: 370) und so als „zentrale(r) Makler der Künstler-Rechte" agieren (Renner 2003: 244). Der Künstler bezieht bei einem solchen Geschäftsmodell alle benötigten Dienstleistungen aus einer Hand – man spricht auch von ‚360° Business' (vgl. Mahlmann 2008: 205). Ein solches Geschäftskonzept ist durchaus erfolgversprechend. Löst man sich von dem engen Begriff der Musikindustrie als Tonträgerindustrie und fasst Konzert-, Lizenz-, Urheberrechts- und Leistungsschutzgeschäft unter einem erweiterten Begriffsverständnis zusammen, wächst die Musikbranche zu einer Acht-Milliarden-Euro-Industrie (vgl. Renner 2008a: 369). Die Implementierung einer derartigen Ausweitung der bearbeiteten Geschäftsfelder der Plattenfirmen ist in der Vergangenheit allerdings fehlgeschlagen, da den Labels die nötigen Kompetenzen fehlten. Es wäre daher sinnvoll für die Musikunternehmen, diese Aufgabe in Kooperation mit Partnern anzugehen, die in den entsprechenden Bereichen bereits etabliert sind (vgl. Briegmann/Jakob 2003: 92).

Die Integration weiterer Bereiche der Wertschöpfung impliziert zunächst, dass die Plattenfirmen wachsen müssen, um diese neuen Geschäftsfelder bearbeiten zu können. Insbesondere bei der Nutzung verschiedener Entertainmentplattformen zur Umsetzung crossmedialer Konzepte sind erhebliche organisatorische Anpassungen in der Unternehmensstruktur vonnöten. Vor allem die Majors sollten aber nicht noch an Größe gewinnen, sondern sich eher zu schlankeren und flexibleren Dienstleistern entwickeln. Netzwerke und Partnerschaften mit auf einzelne Bereiche spezialisierten Unternehmen, z.B. aus der Telekommunikations-, Hardware- oder Softwarebranche, bieten sich für die Labels an, um die neuen Aufgaben in fremden Geschäftsfeldern bewältigen zu können. Ziel ihres neuen Geschäftsmodells soll es sein, mit Hilfe derartiger Kooperationen, vielseitige Produkte zu kreieren und diese über die verschiedenen Absatzkanäle zu vertreiben (vgl. Renner 2008a: 388; Stein/Jakob 2003: 480). Die Majors wandeln sich so „von einem Einprodukt- (CD) und Einkanalunternehmen (Absatz über Einzelhandel) hin zu einem Mehrproduktunternehmen mit einem integrierten Multikanalvertrieb" (Stein/Jakob 2003: 479).

Der Künstler sollte im Rahmen des neuen Geschäftsmodells nicht lediglich als abhängiger Umsatzbeteiligter gesehen werden, sondern eher als

Miteigentümer, der von dem ,neuen Label' langjährig begleitet wird. Nicht die kurzfristige Vermarktung steht im Vordergrund, sondern der langfristige Aufbau des Künstlers zur Marke (vgl. Renner 2008a: 388; Dopp 2003: 35). Eine solche Strategie wird den veränderten Marktgegebenheiten gerecht, die dem Künstler eine stärkere Verhandlungsposition einräumen (vgl. Kapitel 5.3.1). Der Musiker wird als Partner angesehen und durch profitable Verträge und Konditionen an das Label gebunden (vgl. Mayer 2007: 20).

Neben der Etablierung des Künstlers zur Marke, ist es auch für die Labels wichtig, ihrem Namen ein stärkeres Profil zu geben (vgl. Renner: 2008a: 388). Besonders Newcomer können von einer starken Labelmarke profitieren. Insbesondere die Marken der Majors sind jedoch sehr undifferenziert und überfrachtet, so dass sie sich nicht als Kauforientierung eignen (vgl. Wetzel 2004: 222; Reineke 2000: 169). Die großen Plattenfirmen haben bisher kaum versucht, starke Unternehmensmarken aufzubauen. Bei kleineren Labels aus dem Independent Bereich sowie den an Majors angeschlossenen Sublabels ergibt sich ein anderes Bild. Die Major Labels gründen bzw. kaufen gezielt kleinere Sublabels, um diese als Marke aufbauen zu können. Die Sublabels stehen oft für eine bestimmte Musikrichtung oder bestimmte Künstler (vgl. Wirtz 2005: 490; Renner 2008a: 374ff.). Beispiele sind die Labels Sony Urban Music oder Sony Classical. Im Jazzbereich hat sich z.B. das Label Blue Note Records etabliert (vgl. Wirtz 2005: 490). Um von den Konsumenten als Marke wahrgenommen zu werden, ist es wichtig, dass das Label ein klar definiertes musikalisches Profil aufweist und für hohe und konstante Qualität im entsprechenden Genre steht. So kann dem Konsumenten in dem riesigen Produktangebot eine wertvolle Kauforientierung geboten werden. Renner sieht die Abteilungen für Markenpflege und Firmenkultur zukünftig unter den wichtigsten eines Labels (2008a: 376). Der hohe Stellenwert starker Marken betrifft nicht nur den Käufermarkt, sondern auch beim beschaffungsorientierten Marketing ist eine starke Marke wichtig, um neue Künstler des entsprechenden Genres anzuziehen (vgl. Reineke 2000: 168f.). Identität und Homogenität werden zu zentralen Erfolgsfaktoren eines (Sub-)Labels, Beliebigkeit hingegen zum Negativfaktor (vgl. Reineke 2000: 169; Renner 2008a: 388).

6.2 Konsequenzen für das Marketing

Die veränderten Präferenzen der Konsumenten hinsichtlich der Bündelung von Musik und deren tendenziell niedrige Zahlungsbereitschaft sind große Herausforderungen für die Produktpolitik der Labels (vgl. Clement/Schusser 2005: 4). Grundsätzlich gilt, dass ein Unternehmen mit seinen Produkten und Dienstleistungen einen überlegenen Kunden-

nutzen bieten muss, um eine Zahlungsbereitschaft der Kunden zu schaffen. Gleiches gilt für die Musikindustrie, die den Kunden gegenüber der
illegalen Kostenloskonkurrenz einen Mehrwert bieten muss, um die
Zahlungsbereitschaft der Konsumenten wieder zu erhöhen (vgl. Pörner
2002: 40ff.).

Auf dem physischen Tonträgermarkt könnten CD-Käufe durch zusätzliche Gimmicks wie Fotos, Aufkleber, Autogrammkarten, Videoclips oder
sonstiges Begleitmaterial angeregt werden (vgl. Beck 2002: 299; Kratzberg 2008: 51). Das sogenannte Enhanced Book stellt bereits eine solche
Edelvariante der Standard-CD dar. Das Buch inklusive CD bildet als
aufwendiges, haptisch anspruchsvolles Luxusprodukt einen bewussten
Gegenpol zum nonphysischen, nicht greifbaren Download. Musik be-
kommt eine anspruchsvolle Verpackung, die den Wert der Musik unter-
streicht (vgl. Renner 2008a: 386). Die größten Zielgruppen der Musikindustrie sind nicht, wie oft vermutet wird, die Jugendlichen, sondern
Käufer zwischen 29 und 49 Jahren (Kapitel 4.3.1) (vgl. Bundesverband
Musikindustrie 2007a: 40). Diese Zielgruppen sind mit großzügiger Vi-
nyloptik aufgewachsen und sprechen unter Umständen besonders auf
eine edlere Ausstattung von CDs an (vgl. Renner 2008a: 387).

Auf dem digitalen Markt kann ein kostenpflichtiges Download- oder
Streamingportal den Konsumenten durch zusätzliche Leistungen einen
Mehrwert gegenüber den illegalen Musikportalen bieten. Beispiele sind
informative Künstlerportraits, Live-Chats mit einzelnen Künstlern, bisher unveröffentlichtes Material oder gar der bevorzugte Zugang zu Konzertkarten für registrierte Nutzer. Durch zusätzliche Dienstleistungen
wird ein kommerzielles Angebot wesentlich interessanter für die Nutzer
(vgl. Beck 2002: 297). Auch kann das Portal zum wichtigen Anlaufpunkt
für Fans gestaltet werden, indem die Labels begehrte Musiktitel dort als
erstes, vor allem vor der illegalen Konkurrenz, exklusiv veröffentlichen.
Renner schlägt vor, einen Titel direkt nach der Fertigstellung im Studio
im Download Shop anzubieten: „Das macht es für die Fans spannend,
das rechtfertigt auch besondere Preise" (2008a: 385). Der Fan soll das
Gefühl haben, mit im Studio zu sitzen und beim Produktionsprozess live
dabei zu sein (vgl. Renner 2008a: 386).

Ein weiterer Faktor, der sich auf die Zahlungsbereitschaft der Kunden
auswirkt, ist die Qualität der Musikinhalte selbst. Mittlerweile hat die
Musikindustrie erkannt, dass die Umsatzrückgänge der letzten Jahre
nicht nur der Piraterie zuzuschreiben sind, sondern auch andere Gründe
für die negative Marktentwicklung verantwortlich sind. Bereits in den
1980er Jahren begann der Trend zu immer kürzeren Lebenszyklen von
Künstlern. Die Musikindustrie vernachlässigte den nachhaltigen Künstleraufbau immer mehr und legte den Schwerpunkt indessen zunehmend
auf schnelle Charterfolge, die einfach zu kommunizieren sind und mit

denen sich schnelles Geld verdienen lässt (vgl. Friedrichsen et al. 2004: 36f.; Renner 2008a: 260). Auch Hörfunk und Fernsehen als klassische Präsentationsmedien für Musik unterstützen diese Entwicklung durch eine starke Fokussierung auf Mainstream Charthits. Die Künstler, die diese Hits interpretieren, sind bei einer solchen Strategie mehr oder weniger austauschbar. Der Konsument verliert zunehmend das Interesse am gesamten Album eines Musikers, weil es ihm nicht auf den Interpreten selbst, sondern nur auf einzelne Titel ankommt, die ihm zusagen. Ein gutes Beispiel bieten die zahlreichen One-Hit-Wonders (vgl. Friedrichsen et al. 2004: 36ff.). Besonders in den letzten Jahren hat sich die Zahl der Singleveröffentlichungen vervielfacht. Vielen dieser Veröffentlichungen fehlt es an musikalischer Relevanz und Substanz (vgl. Dopp 2003: 35; Friedrichsen et al. 2004: 39, Vormehr 2003: 238), wodurch die Musik den Eindruck von Beliebigkeit vermittelt. In diesem ‚seelenlosen' Material sieht Renner den Hauptgrund der rückläufigen Umsatzentwicklung in der Musikindustrie seit nunmehr zehn Jahren:

> Der Eindruck von Beliebigkeit, entstanden durch die gewaltige Menge immer einfacher zu produzierender und kommunizierender Musik, ist ein weit größeres Problem als der potenzielle Schaden durch die millionenfach getätigten Downloads. Beliebigkeit nimmt der Musik ihre Magie, mindert auf Dauer ihren Wert. (Renner 2008a: 260)

Nicht nur die Musik an sich verliert an Wert, sondern auch der Starbegriff erfährt eine Entwertung. Der Starkult bzw. das Fan-Wesen ist jedoch von großer Bedeutung für die Musikindustrie. Stars garantieren treue Käufer, die nicht nur die Musik ihrer Idole, sondern auch zusätzliche Merchandising Artikel wie Poster, T-Shirts und ähnliches konsumieren. Auch für die Medien ist der Starkult elementar, da er maßgeblich die Inhalte von Musik-, Jugend- und sonstigen Unterhaltungsmedien liefert. Die Stars sowie deren Labels sind wiederum auf die Medienberichterstattung angewiesen (vgl. Friedrichsen et al. 2004: 153). Aufgrund der resultierenden Entwertung ihrer eigenen Produkte, sollte die Musikindustrie die Strategie des „Fast Food Repertoires" (Dopp 2003: 35) überdenken und im Gegenteil versuchen, den Konsumenten die Werthaltigkeit von Musik wieder zu beweisen. Dies kann aber nur gelingen, indem Kunden durch Qualität überzeugt werden, nicht durch Drohungen oder Zwang. Friedrichsen et al. schlagen vor, dass sich die Labels wie auch die Künstler transparenter zeigen und dem Konsumenten einen Blick hinter die Kulissen ermöglichen (2004: 146ff). Von Seiten der Kunden gibt es reges Interesse am Schaffen ihrer Lieblingskünstler über das fertiggestellte Album hinaus. Im Internet kann die künstlerische

Arbeit der Musiker anhand von Making-Of-Videoclips, Interviews und ähnlichen Inhalten gut aufbereitet werden. Diese Art von Transparenz soll es dem Konsumenten ermöglichen, „sich ein eigenes Bild von den Inhalten der Künstler und den Produkten der Musikunternehmen zu machen und anhand der ihm offenbarten Fakten eine persönliche Bewertung vorzunehmen" (Friedrichsen et al. 2004: 147). Transparenz soll zur Schaffung eines Qualitätsbewusstseins und zu einem größeren Verständnis für den Wert von Musik als schöpferische Arbeit führen (vgl. Friedrichsen et al. 2004: 146ff).

Können die Labels die Kunden von der Werthaltigkeit von Musik überzeugen, ist anzunehmen, dass auch deren Zahlungsbereitschaft für Musikprodukte wieder ansteigt (vgl. Moreau 2009: 18).

Durch die steigende Anzahl und die kurzen Lebenszyklen von Musik produkten, kommt dem kommunikationspolitischen Instrumentarium für die Vermarktung von Künstlern und ihrer Musik zukünftig eine noch größere Bedeutung zu (vgl. Reineke 2000: 139). Die Masse an neuen Anbietern stellt ein Risiko für die Labels dar, dem diese aber mit ihrer starken Marketingkompetenz begegnen können. Bisher bedienten sich die Plattenfirmen hauptsächlich der Kanäle der Massenkommunikation. Je mehr Präsenz ein Label in den Massenmedien erreichen wollte, desto mehr finanzielle Mittel waren vonnöten. Kleinere, weniger finanzstarke Unternehmen waren daher im Nachteil. Allerdings ändern sich auch im Bereich der Vermarktung die Rahmenbedingungen durch das Aufkommen der digitalen Märkte. Unzählige neue Kanäle sind entstanden. Präsenz allein reicht nicht mehr aus, weshalb die Kommunikation wesentlich präziser werden muss. Es gilt nicht mehr die Masse anzusprechen, erste Kommunikationspartner sind die Meinungsführer (opinion leaders). „Erst danach orientiert sich Kommunikation an Szenen, verankert sich in der Nische, um schließlich den Mainstream zu erreichen". (Renner 2008a: 381f.) Zukünftig wird es für Mitarbeiter der Labels stärker auf solide Kenntnisse in einzelnen Szenen ankommen als auf zwar umfangreicheres, jedoch oberflächliches Halbwissen. Das moderne Label moderiert das Spezialwissen der einzelnen Mitarbeiter dann und versucht, es zum Mainstream-Erfolg zu verbinden (vgl. Renner 2003: 240).

Parallel zu dieser Entwicklung geht der Trend branchenübergreifend, mit dem Wandel vom Verkäufer- zum Käufermarkt, in Richtung einer individuelleren Kundenansprache. In der Musikindustrie ist die Entwicklung hin zum Käufermarkt anhand der gestiegenen Marktmacht der Kunden und ihrer Integration in die Wertschöpfungskette als Mitproduzenten zu beobachten (vgl. Reineke 2000: 205).

Im Rahmen eines Internetmusikportals kann eine individualisierte Kundenansprache durch die Aufzeichnung des Nutzungsverhaltens und den

Einsatz von Empfehlungssoftware umgesetzt werden. Die Voraussetzungen dafür sind detaillierte Informationen über das Konsum- und Präferenzverhalten der einzelnen Kunden, die mit Hilfe der Aufzeichnungstechnik (wie z.B. bei Amazon.de) oder auch durch direkte Befragungen erhoben werden können (vgl. ebd.). Durch Empfehlungen weiterer Künstler des bevorzugten Genres oder Informationen wie ‚Kunden, die dieses Album gekauft haben, interessierten sich auch für folgende Produkte' kann auf die individuellen Bedürfnisse des Nutzers eingegangen werden. Der Anbieter kann dem Nutzer auf diese Weise ein kundenindividuelles Informationsangebot präsentieren. Auch ein E-Mail Newsletter, der auf den erhobenen Kundendaten basiert, ist eine Möglichkeit, den Musikkonsumenten individuell anzusprechen und ihn über Neuveröffentlichungen oder Konzerttermine präferierter Künstler zu informieren (vgl. Reineke 2000: 209). Das Internet kann auf diese Weise als kostengünstiger Marketingkanal genutzt werden. Besonders kleinere Labels profitieren von diesen neuen Marketingmöglichkeiten im Internet, denn oft fehlen ihnen die finanziellen Mittel für groß angelegte Kampagnen über die klassischen Medien (vgl. Mayer 2007: 18f.).

Ein Beispiel für moderne Musikvermarktung liefert die Marketingkampagne für das neueste Album der britischen Rockband Coldplay durch EMI Music. Das Album VIVA LA VIDA OR DEATH AND ALL HIS FRIENDS wurde mit Hilfe des Internets als Marketingkanal zu einem großen Erfolg. Zunächst veröffentlichte EMI die Tracklist des Albums und das Veröffentlichungsdatum auf der offiziellen Bandwebsite Coldplay.com. Apple verwendete den Titelsong VIVA LA VIDA in Kooperation mit EMI als Soundtrack für deren damalige iPod TV-Werbekampagne. Einer der Albentitel konnte eine Woche lang über Coldplay.com kostenlos heruntergeladen werden. Als das Album vor dem offiziellen Veröffentlichungstermin unautorisiert im Internet zum Download angeboten wurde, reagierte EMI mit der Einrichtung eines kostenlosen Streams des Albums auf dem MySpace Profil der Band. Das Album war bald in 36 Ländern auf dem Spitzenplatz der Charts angelangt und verkaufte sich im digitalen Markt über den kostenpflichtigen Download so gut wie noch kein anderes Album zuvor (vgl. IFPI 2009: 20).

Dieses Beispiel zeigt das Erfolgspotenzial von innovativen Online-Marketingkampagnen. Darüber hinaus bietet das Internet eine Vielzahl weiterer Kommunikationsinstrumente zum Aufbau von Künstlern oder zur Vermarktung von Musikprodukten. Über organisierte Künstler-Chats können Fans und Interessenten direkt mit dem Musiker in Kontakt treten. Weiterhin können die Labels kostenpflichtige Internetfanclubs oder Communities rund um den Künstler einrichten. Durch die Registrierung der Nutzer können nebenbei wertvolle Daten zu Kundenpräferenzen und -verhalten erhoben werden. Im Rahmen eines Fanclubs bietet es sich bspw. an, exklusive Konzertkarten oder Kostproben neuer Titel bereits vor der Veröffentlichung anzubieten, um für die Mitglieder einen konkreten Nutzen zu schaffen. Durch solche Maßnahmen kann mit relativ niedrigem Ressourcenaufwand die Künstler-Konsumenten-Bindung vertieft werden, um eine langfristige Künstler- bzw. Markenbindung zu erreichen und die Musikkäufe anzuregen (vgl. Reineke 2000: 215f.).

Das Internet bietet nicht nur eine Plattform für neue Kommunikationsmaßnahmen, sondern vor allem auch für neue Distributionswege. Insbesondere der direkte Vertrieb ohne die Zwischenschaltung von Handelsintermediären wird durch das Internet interessant. Der Hersteller kann die Distribution selbst übernehmen, um Kosten einzusparen, die bei der indirekten Vertriebsform in Form von Handelsmargen anfallen (Kapitel 5.3.1) (vgl. Bauckhage 2002: 105). Bisher haben es die Labels nicht geschafft, den digitalen Direktvertrieb von Musik in Form eines eigenen etablierten Download Portals erfolgreich umzusetzen. Ein solches Online-Angebot soll aber ein zentraler Bestandteil des neuen Geschäftsmodells der Plattenfirmen sein. Die Auswertung der Rechte an den Tonaufnahmen, sowohl über physische Tonträger als auch über digitale Musiktitel, soll bei einem neuen Geschäftsmodell der Labels ein zentraler Bestandteil bleiben. Der derzeitige Durchschnittspreis von 99 Cent für einzelne digitale Musiktitel wird von den Plattenlabels allerdings als zu niedrig angesehen, um daraus Gewinne generieren zu können. Die Labels sind nach wie vor auf den Verkauf gebündelter Musiktitel in Form von Alben angewiesen. Der Verkauf von Musik an den Endkunden kann aber zukünftig nur dann profitabel sein, wenn die Rentabilität auch anhand des Verkaufs einzelner Musiktitel hergestellt wird. So auch Dr. Thomas Middelhoff, ehemaliger Vorstandsvorsitzender der Bertelsmann AG, im Interview mit Tim Renner: „Die Rentabilität pro Song, pro Titel muss in einer Musikfirma hergestellt werden, ansonsten ist sie nicht überlebensfähig". (Renner 2008b: 270) Middelhoff sieht die dringende Notwendigkeit der Labels, ihre gesamten Unternehmensprozesse dem digitalen Markt anzupassen, um in der Lage zu sein, anhand des Verkaufs einzelner digitaler Musiktitel Gewinne zu erwirtschaften.

> Ich denke, dass die Musikindustrie einen „zerobase"-Ansatz fahren muss, zu unterstellen, dass es in Zukunft nur noch digitale Distribution gibt, und zu fragen, wie die Geschäftsprozesse neu aufgestellt werden müssen, um mit diesen Gegebenheiten rentabel operieren zu können. (Renner 2008b: 270)

Gelingt diese Anpassung der Kostenstruktur, würden die Labels auf ein profitables Geschäft verzichten, wenn sie Musik nur noch als Subventionsprodukte für Konzerte, Merchandising oder Sponsoring einsetzen (vgl. Renner 2008a: 385) – auch wenn Musik diese Position immer häufiger innehaben wird (vgl. Beck 2002: 299).

Die Angebote der Plattenfirmen müssen jedoch mindestens so gut sein wie die der illegalen Konkurrenz, um von den Kunden akzeptiert zu werden. Ein Download Portal sollte dem Nutzer, im Vergleich zu den kostenlosen Angeboten, Vorteile bieten: Perfekte Funktionsfähigkeit, schnelle Ladezeiten, einfache Bedienung, erstklassige Beratung und seriöse Bezahlmethoden sind ein Muss (vgl. Renner 2008a: 385). Absolut grundlegend für den Erfolg eines Download Portals ist auch ein möglichst vollständiges Repertoire. Die bisher von den Labels ins Leben gerufenen Download Shops boten den Kunden meist nur die Musik der beteiligten Labels. So konnten im von Universal und Sony Music gemeinsam aufgebauten Portal Pressplay keine Titel der anderen Majors heruntergeladen werden. Gleiches galt für Music Net von Warner, BMG und EMI, und noch immer für UMusic von Universal in Deutschland (vgl. Renner 2008a: 207; Wetzel 2004: 247). Auf der Suche nach Musikdownloads suchen die Benutzer jedoch selten nach Angeboten einzelner Labels (vgl. Dopp 2003: 35). Sinnvoll ist der eigene Download Shop als Bestandteil des Geschäftsmodells daher nur dann, wenn die Musik aller Majors und zusätzlich vieler Independent Labels innerhalb eines Download Stores angeboten werden kann. Die Plattenfirmen müssen also kooperieren, um ein solches Projekt erfolgreich umsetzen zu können. Mit Hilfe einer Zusammenarbeit hätten die Labels die Möglichkeit, ihre starke Marktposition im Bereich der Distribution, die seit dem Aufkommen des Internets als neues Distributionsmedium geschwächt ist, auch auf den Onlinebereich auszuweiten. Die gemeinsame Bündelung des Vertriebs der Majors würde die Wettbewerbsposition der kleineren Labels allerdings noch mehr schwächen. Die Majors wären nämlich in der Lage das Absatzmedium Internet weitgehend zu kontrollieren und so ihre oligopolistische Marktstruktur zu manifestieren (vgl. Wetzel 2004: 247).

7 Zusammenfassung und Ausblick

Ziel der vorliegenden Arbeit war es, zu untersuchen, inwiefern das Internet als neues Medium eine Herausforderung für das Management der Musikindustrie darstellt und welchen Einfluss es auf den Musikmarkt nimmt. Die strategische Analyse des klassischen Musikmarkts gab zunächst Aufschluss über die traditionellen Marktbedingungen in der Musikbranche. Auf Grundlage dieser Ergebnisse konnten dann die Veränderungen der Branche durch den wachsenden Internetmusikmarkt aufgezeigt und die Konsequenzen für das Management der Plattenlabels herausgearbeitet werden.

Die Branchenstrukturanalyse in Kapitel 4.3.4 hat gezeigt, dass das traditionelle Geschäftsmodell der Musikindustrie auf dem klassischen Musikmarkt sehr erfolgreich war. Die Major Labels hatten eine sehr starke Marktmacht inne und waren die dominierenden Marktteilnehmer der Branche. Durch ihre enorme Größe und ihre Dominanz über die Wertschöpfungskette nahmen die Majors sowohl gegenüber den Künstlern als auch gegenüber dem Handel und den Endverbrauchern eindeutig die dominante Verhandlungsposition ein. Die Plattenfirmen boten exklusive Produkte an, denn es gab weder alternative Anbieter, noch hatten Musikkonsumenten vor dem Aufkommen von CD-Brennern die Möglichkeit, selbst Ersatzprodukte zu den Originaltonträgern herzustellen (vgl. Dopp 2003: 36). Auch war die strategische Gruppe der Majors auf dem traditionellen Tonträgermarkt aufgrund der hohen Markteintrittsbarrieren weitgehend vor dem Eintritt neuer Anbieter geschützt.
Doch mit dem Einzug der neuen Medien, insbesondere des Internets, in die Musikbranche veränderte sich die Struktur des Marktes. Musik ist ein geradezu ideales Gut für die digitale Internetdistribution. Bereits seit Einführung der CD liegt Musik in digitaler Form vor und mit Hilfe des MP3-Formats können die digitalisierten Musiktitel für die Verbreitung über das Internet auf eine geringe Dateigröße komprimiert werden (vgl. Mayer 2007: 24). Die klassischen Markteintrittsbarrieren wie Skaleneffekte oder hohe Fixkosten fallen auf dem Internetmusikmarkt weg, so dass sich die Majors nicht mehr durch ihre Finanzkraft und Größe vor neuen Anbietern schützen können (vgl. Bauckhage 2002: 109). Es sind keine hohen Investitionen mehr nötig, um auf dem digitalen Musikmarkt zu agieren (Kapitel 5.3.1). Die geringen Einstiegshürden des Internetmarkts haben dazu geführt, dass sowohl illegale Anbieter wie Napster und Kazaa als auch kommerzielle Anbieter aus fremden Branchen in den Musikmarkt eingetreten sind.

Kapitel 5.3.2 hat gezeigt, dass sich die Marktverhältnisse der Musikbranche durch den Eintritt der neuen Anbieter zunehmend verschieben. Die neuen Wettbewerber machten sich die anfängliche Zurückhaltung der Majors in Bezug auf Onlineangebote zu Nutze und bearbeiten mittlerweile erfolgreich einzelne Wertschöpfungsstufen der Musikindustrie (vgl. Mayer 2007: 18; Kratzberg 2008: 21). Die zunehmende Konkurrenz hat dazu geführt, dass die Majors inzwischen viel von ihrer Branchendominanz eingebüßt haben: Der digitale Musikmarkt wächst zwar stetig, doch die digitale Musikdistribution wird nicht von den Plattenlabels, sondern vor allem von neuen Musikanbietern aus der Telekommunikations- und Computerbranche kontrolliert. Auch die Nutzung illegaler Musiktauschbörsen und das Brennen von CDs sind nach wie vor Massenphänomene. Auf eine Original-CD kommen noch immer drei gebrannte (vgl. Bundesverband Musikindustrie 2007a: 24f.).
Doch nicht nur die Gefahr neuer Anbieter hat sich auf dem neuen Musikmarkt verstärkt, es haben sich sämtliche von Porter identifizierte Wettbewerbskräfte für die Labels zum Negativen entwickelt (Kapitel 5.3.2). Der Wettbewerb der Branche ist nicht nur durch die neuen Anbieter intensiver geworden, sondern auch die Independent Labels stehen aufgrund der kostengünstigeren Distributions- und Vermarktungsmöglichkeiten auf dem Internetmusikmarkt in größerer Konkurrenz zu den Major Labels (vgl. Mayer 2007: 19; Bauckhage 2002: 109). Zudem hat Kapitel 5.3.2 gezeigt, dass sowohl die Künstler als auch die Kunden auf dem neuen Musikmarkt an Marktmacht gewonnen haben. Insgesamt ist die Branchenattraktivität im Vergleich zu den traditionellen Marktbedingungen also seit dem Aufkommen des Internetmarkts für die Major Labels deutlich gesunken.

Doch technologische Herausforderungen gab es in der Musikindustrie schon seit ihrer Entstehung 1877. So z.B. bereits um 1920, als der Hörfunk aufgrund besserer Klangqualität und kostenfreier Verfügbarkeit zur harten Konkurrenz der Tonträgerindustrie wurde und die Umsätze der Tonträgerunternehmen enorm zurückgingen (vgl. Wicke 1997: online). Als die Musikkassette eingeführt wurde, nahm die Musikindustrie zunächst eine ähnlich defensive Haltung ein wie aktuell gegenüber den neuen Medien und versuchte mit Kampagnen gegen das ‚Hometaping‘, ihr Geschäftsmodell zu schützen (vgl. Renner 2008a: 30). Technologische Innovationen wie der Kassettenrecorder oder auch die CD als erster digitaler Tonträger führten bisher entgegen der Befürchtungen der Plattenlabels stets zu enormem Marktwachstum (vgl. Wetzel 2004: 200f.). Für die derzeitige ‚Krise‘ hat die Musikindustrie jedoch noch kein Heilmittel gefunden. Bereits seit mehr als zehn Jahren schrumpfen weltweit die Musikmärkte (vgl. Bundesverband Musikindustrie

2007a: 12). Die Musikindustrie sieht den Hauptgrund der negativen Marktentwicklung der letzten Jahre hauptsächlich in der Musikpiraterie. Die Labels versuchten, den Umsatzrückgängen anhand von Kopierschutzmaßnahmen und juristischem Vorgehen gegen unautorisiertes Musikkopieren zu begegnen. Durch die Wahl defensiver Strategien versuchten sie ihr altes Geschäftsmodell zu schützen. Die Strategien der Labels haben sich bisher allerdings weder als wirksames Mittel gegen die Piraterie erwiesen, noch konnten sie die Umsatzrückgänge der Branche stoppen (vgl. Mayer 2007: 25).

Die Musikindustrie sieht sich derzeit also einigen Problemen gegenüber: Die Umsatzrückgänge sind zwar nicht mehr so drastisch wie die Jahre zuvor, allerdings schrumpft der Musikmarkt noch immer (Kapitel 4.3.1). Die Labels haben ihren Status als exklusive Musikanbieter verloren, denn zahlreiche neue Anbieter bieten mittlerweile dieselben Produkte wie die Labels an – sogar kostenlos (vgl. Kratzberg 2008: 21). Problematisch ist zudem, dass die Rentabilität des derzeitigen Geschäftsmodells der Labels von der Bündelung von Musikstücken zu Alben abhängt. Die Konsumenten sind aufgrund des technischen Fortschritts jedoch nicht mehr dazu gezwungen, das ganze Album zu kaufen, wenn sie sich lediglich für einen Titel interessieren (vgl. Mayer 2007: 25). Da das traditionelle Geschäftsmodell der Labels auf der Durchsetzung exklusiver Verfügungsrechte in Form gebündelter Musiktitel basiert, eignet es sich auf dem neuen Musikmarkt nur noch bedingt (vgl. Hummel 2003: 447).

Zudem wird nicht nur die Musikdistribution, sondern auch bereits die Vermarktung von Künstlern und Musikprodukten sowie die klassische A&R Tätigkeit von neuen konkurrierenden Marktakteuren angeboten. Die Labels drohen, überflüssig zu werden, wenn sie ihr Geschäftsmodell nicht ändern. Anstatt zu versuchen, unautorisiertes Kopieren zu verhindern, müssen die Labels den veränderten Konsumgewohnheiten und Bedürfnissen der Musikhörer mit maßgeschneiderten Angeboten begegnen (vgl. Renner 2008a: 388; Renner 2008b: 267ff.). Um dazu in der Lage zu sein, müssen die Majors sich wandeln und ihr Geschäftsmodell an die neuen Marktgegebenheiten anpassen (vgl. Wetzel 2004: 233). Die Frage, ob eine Anpassung des Managements der Plattenlabels notwendig ist, um auch auf dem neuen, internetgetriebenen Musikmarkt erfolgreich bestehen zu können, kann klar mit ja beantwortet werden.

Das neue Geschäftsmodell der Plattenfirmen muss sich wesentlich stärker als bisher auf die Bedürfnisse der Kunden konzentrieren. Marketing soll als Leitbild des Managements fungieren, so dass sich die Geschäftstätigkeiten der Labels funktionsübergreifend nach dem Markt ausrichten. Die Plattenfirmen haben insbesondere durch ihr hartes juristisches

Vorgehen gegenüber privaten Musikkopierern schwere Imageverluste eingefahren, so dass die Labels zunächst das Vertrauen der Kunden zurückgewinnen müssen (vgl. Friedrichsen et al. 2004: 9f). Auch die Bedürfnisse der Kunden müssen künftig einen höheren Stellenwert einnehmen, da deren Verhandlungsstärke aufgrund der zahlreichen Vermarktungs- und Distributionsalternativen im Internet gestiegen ist (Kapitel 5.3.2). Die Künstler dürfen von den Labels nicht länger nur als Umsatzbeteiligte angesehen werden, sondern viel mehr als Miteigentümer der Rechte. Die Plattenfirmen müssen sich zukünftig von der Konzentration auf den Tonträgerbereich trennen und dem Künstler die Aufgaben von Label, Musikverlag und Management aus einer Hand anbieten. Eine Trennung der unterschiedlichen Funktionen ist auf dem neuen Musikmarkt nicht mehr sinnvoll (vgl. Renner 2008a: 370). Das neue Musikunternehmen ist für sämtliche Belange des Künstlers verantwortlich, schafft und wertet zusammen mit dem Künstler Rechte aus und kann sich so wieder zu einem exklusiven Dienstleister etablieren (vgl. Renner 2008a: 370; Renner 2003: 244). Um als ‚Rechte-Makler‘ fungieren zu können, müssen die Majors ihre Geschäftstätigkeit auf weitere Bereiche der Wertschöpfung ausweiten. Bisher agieren sie zwar als Hauptinvestor des Künstlers, partizipieren aber nur an einem relativ kleinen Teil der Umsatzerlöse. Die Labels müssen ihr Engagement daher vor allem auf die Bereiche Live-Konzerte und Merchandising ausweiten, um an den sehr hohen Umsätzen dieser Segmente teilhaben zu können (vgl. Stein/Jakob 2003: 477f.; Dopp 2003: 36). Ziel ist der Wandel der Labels hin zu wesentlich schlankeren und flexibleren Unternehmen, die mit Hilfe entsprechender Kooperationspartner zusammen mit den Künstlern vielseitige Produkte kreieren und diese über die verschiedenen Absatzkanäle vertreiben (vgl. Briegmann/Jakob 2003: 92; Renner 2008a: 388; Stein/Jakob 2003: 479f.). Die Labels als neue Musikunternehmen sowie auch ihre Künstler und Produkte benötigen auf dem neuen Musikmarkt Identität und ein starkes Profil. Beliebigkeit, die sich derzeit sowohl in den undifferenzierten Marken der Majors als auch in seelenlosen Musikinhalten und austauschbaren Künstlern manifestiert, schadet den Labels bereits heute und auch in Zukunft (vgl. Reineke 2000: 169; Renner 2008a: 388).

Die genauere Ausgestaltung der neuen Marktorientierung der Labels erfolgt durch die Koordination der verschiedenen Marketinginstrumente zu einem stimmigen Marketing-Mix (Kapitel 3.3). Die größte Herausforderung der Produktpolitik stellt das veränderte Konsumverhalten dar (vgl. Clement/Schusser 2005: 4). Um die Zahlungsbereitschaft der Konsumenten wieder zu erhöhen, müssen die Labels ihre derzeitige Überproduktion substanzloser Musikinhalte aufgeben und den Kunden die

Werthaltigkeit von Musik durch überzeugende Produktionen und authentische Künstler wieder beweisen (vgl. Friedrichsen et al. 2004: 146ff.; Renner 2008a: 260; Dopp 2003: 35). Unterstützend kann den Kunden anhand von Luxuseditionen, zusätzlichen Gimmicks oder exklusiven Dienstleistungen im Vergleich zur illegalen Konkurrenz ein Mehrwert geboten werden (vgl. Pörner 2002: 40ff.; Beck 2002: 297ff.; Renner 2008a: 386).

Die Masse neuer Musikanbieter macht die Auswahl der kommunikationspolitischen Instrumente auf dem neuen Musikmarkt noch entscheidender (vgl. Reineke 2000: 139). Das Internet fungiert dabei als neuer, kostengünstiger Marketingkanal (vgl. Mayer 2007: 18f.). Der aktuelle branchenübergreifende Trend zu einer individuelleren Kundenansprache muss von den Labels aufgegriffen werden und auf eigenen Online-Musikplattformen und im Rahmen sonstiger Marketingmaßnahmen umgesetzt werden (vgl. Reineke 2000: 205, 209). Das Internet bietet als neues Medium im Gegensatz zu den klassischen Massenmedien viele Möglichkeiten zur direkten, personalisierten Kundenansprache (vgl. Luzar 2004: 36f.).

Insbesondere die Möglichkeiten der Musikdistribution haben sich durch Digitalisierung und Internet verändert. Die Labels sind auf dem digitalen Markt nicht mehr auf die klassischen Handelsintermediäre angewiesen, sondern können ihre Produkte über das Internet direkt an den Endkunden verkaufen (Kapitel 5.3.1) (vgl. Bauckhage 2002: 105). Die Labels haben die Chance der Disintermediation bislang aber nur eingeschränkt genutzt. Die bisherigen Downloadportale der Majors konnten aufgrund ihrer unkomfortablen Nutzungsbedingungen und der geringen Repertoireauswahl nicht mit den illegalen Angeboten mithalten (vgl. Renner 2008a: 385). Ein zentraler Bestandteil des neuen Geschäftsmodells ist ein gemeinsames Downloadportal der Majors, das dem Kunden ein möglichst umfangreiches Repertoire zu gemäßigten Preisen und ohne die Einschränkung der Nutzungsrechte durch Kopierschutzmaßnahmen bietet. Auf diese Weise können sich die Labels auch auf dem digitalen Markt als konkurrenzfähige Musikanbieter etablieren. Ein gemeinsamer Downloadstore ist zwar bereits seit langem von den Majors geplant, scheiterte aber bisher daran, dass sich die Labels nicht über die genaue Ausgestaltung des Portals einigen konnten (vgl. Renner 2008a: 207; Wetzel 2004: 247). Bisher sind die Kosten für die digitale Distribution für die Labels zu hoch, um große Gewinne zu erwirtschaften. Die Labels müssen ihre Kostenstrukturen radikal anpassen, um die digitale Distribution rentabel gestalten zu können. Ziel der Labels muss es sein, einzelne digitale Musiktitel rentabel verkaufen zu können, ansonsten ist ihre Zukunft als zentrale Anbieter auf dem neuen Musikmarkt in Gefahr (vgl. Renner 2008b: 270).

Die Frage, wie sich der Musikmarkt in den nächsten Jahrzehnten weiterentwickeln wird, ist nur schwer vorherzusagen. Um dennoch mögliche Antworten zu finden, lohnt sich ein erneuter Blick auf die erste technologiebedingte Umsatzkrise der Tonträgerindustrie. Als der Rundfunk in den 1920er Jahren die Umsätze der Tonträgerhersteller enorm schmälerte, wurden die Radiosender zwar zunächst zum Sündenbock erklärt, doch dann von den Plattenfirmen als Kooperationspartner akzeptiert (vgl. Tschmuck 2008: 144; Wicke 1997: online). Bis heute dient das Radio als wichtiger Promotionspartner der Labels (vgl. Wetzel 2004: 216f.). In der derzeitigen Umsatzkrise der Musikindustrie haben die kostenlosen Musiktauschbörsen die Position des Sündenbocks eingenommen. Eine Lösung könnte, wie bereits in den 1920er Jahren, in der Kooperation liegen, indem P2P-Tauschbörsen auf dem zukünftigen Musikmarkt die Rolle eines Promotion Instruments einnehmen (vgl. Friedrichsen et al. 2004: 175ff.). Friedrichsen et al. kamen im Rahmen einer Umfrage bezüglich des Musikkauf- und Musiknutzungsverhalten zu dem Ergebnis, dass die klare Mehrheit von Tauschbörsennutzern das Herunterladen von Musik nicht als Tonträgerersatz ansieht, sondern vor allem als Promotion Tool (2004: 126; vgl. auch Silverthorne 2009: 69). In einem solchen Szenario stellen die Labels den *Filesharing*-Tauschbörsen selbst vollständige MP3-Dateien in guter Qualität zur Verfügung und profitieren auf diese Weise vom Netzwerkeffekt der P2P-Systeme, über die die überwiegende Mehrzahl an Downloads getätigt wird. Zweck dieser Strategie ist es, diejenige Nutzergruppe zu Tonträgerkäufen anzuregen, die Downloads lediglich zum Entdecken und Testhören neuer Musik nutzen, ansonsten aber eine hohe Affinität zum physischen Tonträger aufweisen (vgl. Friedrichsen et al. 2004: 126). Radio und P2P-Tauschbörsen würden in diesem Szenario auf dem Zukunftsmusikmarkt die gleichen Funktionen einnehmen.

Ein weiteres mögliches Zukunftsmodell liegt in der Beteiligung der *Filesharing*-Generation an den Musikverkäufen. Ziel der Labels wäre es, die Verfechter von illegalem Filesharing für sich zu gewinnen, indem diese ein eigenes Interesse am legalen Musikverkauf entwickeln. „Der größte Verfechter von illegalem Filesharing wird nämlich plötzlich zum glühendsten Kämpfer für das Copyright, wenn es um seinen eigenen Geldbeutel geht". (Renner 2008a: 351). Diese Idee wurde bereits umgesetzt, von den Labels bisher aber nicht aufgegriffen. Das Fraunhofer Institut für Digitale Medientechnologie (IDMT) entwickelte gemeinsam mit zwei Wissenschaftlern der TU Illmenau ein System namens ,Potato – das faire Musikvertriebssystem ohne Kopierschutz'. Das System funktioniert zunächst wie ein herkömmliches Downloadportal, macht sich jedoch zusätzlich einen Schneeballeffekt zunutze. Jeder Käufer kann die erworbene Musik über seine eigene Website weiterverkaufen. Anhand einer Staffelung von 20 über zehn bis zu fünf Prozent können Verkäufer bis in die dritte Generation am Musikverkauf mitverdienen (vgl. Renner 2008a: 350f.).

Die Ausgestaltung des zukünftigen Musikmarkts hängt in großem Maße davon ab, ob der physische Tonträger trotz des wachsenden Digitalgeschäfts bestehen bleibt oder völlig durch das digitale Format verdrängt werden wird. Das Stöbern in der Plattensammlung, das Durchblättern des Booklets – greifbare Musik verfügt über eine gewisse Romantik, die die entmaterialisierten Musiktitel im MP3-Format nicht bieten können. Der Erfolg neuer Luxuseditionen wie dem Enhanced CD Book zeigt, dass viele Konsumenten nach wie vor Wert auf eine hochwertige Verpackung der Musik legen (vgl. Renner 2008a: 290). Wie werden die Konsumenten auf das völlige Verschwinden der Tonträger reagieren werden, welches einige Stimmen in der Literatur für die nahe Zukunft prophezeien (etwa Tschmuck 2008: 159; Wood 2009: 47)? Zumindest die Generation, die noch mit Schallplatten aufgewachsen ist, wird es vielleicht vermissen, Musik in den Händen halten zu können.

Getreu den Worten Joni Mitchells: "Don't it always seem to go that you don't know what you've got 'til it's gone" (BIG YELLOW TAXI, 1970).

Literaturverzeichnis

Alby, Tom (2008 [2007]): *Web 2.0. Konzepte, Anwendungen, Technologien.* 3. Auflage. München: Hanser.

Andringa, Eis (2002): Analyse von Medienprodukten. In: Rusch, Gebhard (Hrsg.): *Einführung in die Medienwissenschaft. Konzeptionen, Theorien, Methoden, Anwendungen.* Wiesbaden: Westdeutscher Verlag. S. 258-274.

Bauckhage, Tobias (2002): *Das Ende vom Lied? Zum Einfluss der Digitalisierung auf die internationale Musikindustrie.* Stuttgart: ibidem.

Bea, Franz X./Haas, Jürgen (2005 [1995]): *Strategisches Management.* 4. Auflage. Stuttgart: Lucius & Lucius.

Beck, Hanno (2002): *Medienökonomie. Print, Fernsehen und Multimedia.* Berlin/Heidelberg: Springer.

Bleicher, Knut (2004 [1991]): *Das Konzept integriertes Management. Visionen, Missionen, Programme.* 7. Auflage. Frankfurt: Campus.

Breyer-Mayländer, Thomas (2004): *Einführung in das Medienmanagement. Grundlagen, Strategie, Führung, Personal.* Müchen/Wien: Oldenbourg.

Breyer-Mayländer, Thomas/Werner, Andreas (2003): *Handbuch der Medienbetriebslehre.* München/Wien: Oldenbourg.

Briegmann, Frank/Jakob, Hubert (2005): Management der Wertschöpfungskette. In: Clement, Michel/Schussel, Oliver (Hrsg.): *Ökonomie der Musikindustrie.* Wiesbaden: Deutscher Universitäts-Verlag. S. 83-94.

Brunner, Richard (2004): *Urheber- und leistungsschutzrechtliche Probleme der Musikdistribution im Internet – unter besonderer Berücksichtigung der Richtlinie 2001/29/EG und ihrer Umsetzung in deutsches Recht.* (Juristische Reihe Tenea, www.jurawelt.com, Band. 61). Berlin: Tenea.

Bundesministerium der Justiz (BMJ) (2007): Pressemeldung vom 1.11.07: Neues Urheberrecht tritt zum 1. Januar 2008 in Kraft. In: *Kopien-brauchen-Originale.de.* Verfügbar unter: http://www.kopien-brauchen-originale.de/enid/1ec03ad53b0db2779dcf31932b a1e599,55a304092d09/b8.html (27.02.2009).

Bundesverband Musikindustrie (2007a): Jahreswirtschaftsbericht 2007. In: *musikindustrie.de.* Verfügbar unter: http://www.musikindustrie.de/uploads/media/ms_branchen daten_jahreswirtschaftsbericht_2007_02.pdf (25.02.2009).

Bundesverband Musikindustrie (2007b): Aufgaben + Ziele. In: *musikindustrie.de.* Verfügbar unter: http://www.musikindustrie.de/aufgaben_ziele.html (15.03.2009).

Burmann, Christoph/Nitschke, Axel (2003): Strategisches Marketing bei Medienunternehmen. In: Wirtz, Bernd W. (Hrsg.): *Handbuch Medien- und Multimediamanagement*. Wiesbaden: Gabler. S. 65-89.

Caspar, Mirko/Mucha, Peter (2005): In: Clement, Michel/Schussel, Oliver (Hrsg.): *Ökonomie der Musikindustrie*. Wiesbaden: Deutscher Universitäts-Verlag. S. 157-171.

Clement, Michel/Schusser, Oliver (2005): Herausforderungen in der Musikindustrie. In: Clement, Michel/Schussel, Oliver (Hrsg.): *Ökonomie der Musikindustrie*. Wiesbaden: Deutscher Universitäts-Verlag. S. 1-12.

Clement, Michel/Schussel, Oliver (Hrsg.) (2005): *Ökonomie der Musikindustrie*. Wiesbaden: Deutscher Universitäts-Verlag.

Dopp, Bernd (2003): Repertoirebereiche und Konsumenten. In: Moser, Rolf/Scheuermann, Andreas (Hrsg.): *Handbuch der Musikwirtschaft*. Starnberg/München: Keller. S. 27-36.

Eckardt, Gordon H./Funck, Dirk (2001): *Angewandtes Marketing. Konzeptionelle Grundlagen und Fallstudien*. Göttingen: GHS.

Einem, Götz v. (2007): *Verwertungsgesellschaften im deutschen und internationalen Musikrecht: Rechtliche und praktische Probleme bei der Lizenzierung von Musik angesichts der Digitalisierung und Internationalisierung der Rechteverwertung*. Köln/München: Heymanns Verlag.

Espejo, Roman (Hrsg.) (2009): *What Is the Future of the Music Industry?* (At Issue - Mass media). Detroit et al.: Greenhaven Press.

Faulstich, Werner (2005): Medientheorie. In: Faulstich, Werner (Hrsg.): *Grundwissen Medien*. 5. Auflage. München: W. Fink.

Faulstich, Werner (Hrsg.) (2005 [1994]): *Grundwissen Medien*. 5. Auflage. München: W. Fink.

Frerichs, Stefan (2005): Artikel „Gatekeeping". In: Weischenberg, Siegfried/Kleinsteuber, Hans J./Pörksen, Bernhard (Hrsg.): *Handbuch Journalismus und Medien*. Konstanz: UVK Verlagsgesellschaft. S. 74-76.

Friedlaender, Felix (1999): *Online-Medien als neues Instrument der Öffentlichkeitsarbeit. Eine empirische Untersuchung zur Beurteilung der Integration von Online-Medien in das Instrumentarium der externen Öffentlichkeitsarbeit*. Münster: Westfälische Wilhelms-Universität.

Friedrichsen, Mike/Gerloff, Daniel/Grusche, Till/von Damm, Tile (2004): *Die Zukunft der Musikindustrie. Alternatives Medienmanagement für das mp3-Zeitalter*. München: Verlag Reinhard Fischer.

Friedrichsen, Mike (2008): Musik im Spannungsfeld von Wirtschaftsgut und kulturellem Angebot. In: Weinacht, Stefan/ Scherer, Helmut (Hrsg.): *Wissenschaftliche Perspektiven auf Musik und Medien*. Wiesbaden: VS Verlag. S. 19-38.

Gensch, Gerhard/Stöckler, Eva Maria/Tschmuck, Peter (Hrsg.) (2008): *Musikrezeption, Musikdistribution und Musikproduktion. Der Wandel des Wertschöpfungsnetzwerks in der Musikwirtschaft.* Wiesbaden: Gabler.

Gentsch, Peter (2004 [2002]): Potentiale des CRM im Internet: eMarketing und Personalisierung in der Praxis. In: Uebel, Matthias F./Helmke, Stefan/Dangelmaier, Wilhelm (Hrsg.): *Praxis des Customer Relationship Management. Branchenlösungen und Erfahrungsberichte.* 2. Auflage. Wiesbaden: Gabler. S. 123-144.

Gerdes, Stephanie (2003): *Das Internet als Distributionskanal. Auswirkungen von Breitband auf das Kaufverhalten.* Wiesbaden: Deutscher Universitäts-Verlag.

Gersch, Martin/Avaria, Corina (2007): *Die Branchentransformation der Musikindustrie. Eine (co-)evolutorische Analyse unter Berücksichtigung des Einflusses einzelner Geschäftssysteme.* (Arbeitsbericht Nr. 15 des Competence Center E-Commerce (CCEC)/Arbeitsbericht Nr. 104 des Instituts für Unternehmensführung). Bochum: Institut für Unternehmensführung.

Heinrich, Jürgen (1999): *Medienökonomie: Hörfunk und Fernsehen. Band 2: Hörfunk und Fernsehen.* Opladen: Westdeutscher Verlag.

Hess, Schumann (2002 [2000]): *Grundfragen der Medienwirtschaft. Eine betriebswirtschaftliche Einführung.* 2. Auflage. Berlin/Heidelberg: Springer.

Hess, Thomas (2003): Die Bedeutung von Peer-to-Peer Systemen für Musiklabels – Ergebnisse erster Analysen. In: Wirtz, Bernd W. (Hrsg.): *Handbuch Medien- und Multimediamanagement.* Wiesbaden: Gabler. S. 425-440.

Homburg, Christian/Krohmer, Harley (2006 [2003]): *Marketingmanagement. Strategie – Instrumente – Umsetzung – Unternehmensführung.* 2. Auflage. Wiesbaden: Gabler.

Huber, Michael (2008): Digitale Musikdistribution und die Krise der Tonträgerindustrie. In: Gensch, Gerhard/Stöckler, Eva Maria/Tschmuck, Peter (Hrsg.): *Musikrezeption, Musikdistribution und Musikproduktion. Der Wandel des Wertschöpfungsnetzwerks in der Musikwirtschaft.* Wiesbaden: Gabler. S. 163-186.

Hummel, Johannes (2003): Perspektiven für die Musikindustrie im Zeitalter des Internets. In: Wirtz, Bernd W. (Hrsg.): *Handbuch Medien- und Multimediamanagement.* Wiesbaden: Gabler. S. 441-464.

Hungenberg, Harald (2004 [2000]): *Strategisches Management in Unternehmen. Ziele, Prozesse, Verfahren.* 3. Auflage. Wiesbaden: Gabler.

Hutzschenreuter, Thomas (2000): *Electronic Competition. Branchendynamik durch Entrepreneurship im Internet.* Wiesbaden: Gabler.

IFPI (International Federation of the Phonographic Industry) (2009): Digital Music Report. In: *musikindustrie.de*. Verfügbar unter: http://www.musikindustrie.de/fileadmin/news/markt/down loads/DMR2009.pdf (28.02.09).

Jakob, Hubert (2005): Wirtschaftlichkeit in der Musikindustrie. In: Clement, Michel/Schussel, Oliver (Hrsg.): *Ökonomie der Musikindustrie*. Wiesbaden: Deutscher Universitäts-Verlag. S. 73-80.

Jaspersen, Thomas (2005): Tonträger (Schallplatte, Kassette, CD). In: Faulstich, Werner (Hrsg.): *Grundwissen Medien*. 5. Auflage. München: Fink.

Joos, Richard/Jorberg, Randolf/Gönnermann, Axel (2008): *gulli wars*. Norderstedt: BoD.

Karmasin, Matthias/Winter, Carsten (2000): Kontexte und Aufgabenfelder von Medienmanagement. In: Karmasin, Matthias/Winter, Carsten (Hrsg.): *Grundlagen des Medienmanagement*. München: W. Fink. S. 15-40.

Karmasin, Matthias/Winter, Carsten (Hrsg.) (2000): *Grundlagen des Medienmanagements*. München: W. Fink.

Kaspar, Christian/Ortelbach, Björn (2006): *Aktuelle Herausforderungen im Medienmanagement*. (Arbeitsbericht Institut für Wirtschaftsinformatik Nr. 06/2006). Göttingen: Institut für Wirtschaftsinformatik.

Klein, Martin (2003): Marktpotenzial der Musik-DVD. In: Moser, Rolf/Scheuermann, Andreas (Hrsg.): *Handbuch der Musikwirtschaft*. Starnberg/München: Keller. S. 84-98.

Kleitz, Torsten (2007): Im digitalen Käfig. In: *Zeit Online*. 08.02.2007. Verfügbar unter: http://www.zeit.de/online/2007/07/apple–musik–verbrauchersc huetzer (27.02.2009).

Kollmann, Tobias (2009 [2007]): *E-Business. Grundlagen elektronischer Geschäftsprozesse in der Net Economy*. 3. Auflage. Wiesbaden: Gabler.

Kotler, Philip/Armstrong, Gary/Saunders, John/Wong, Veronica (2007 [1999]): *Grundlagen des Marketing*. 4. Auflage. München: Pearson Studium.

Kratzberg, Fabian (2008): *Die Musikindustrie im digitalen Zeitalter. Veränderungen von Wertschöpfungsprozessen durch den Einfluss von neuen Medien und Entrepreneurship*. Saarbrücken: VFM Verlag Dr. Müller.

Kraus, Roland (2005): *Strategisches Wertschöpfungsdesign. Ein konzeptioneller Ansatz zur innovativen Gestaltung der Wertschöpfung*. (Strategisches Kompetenz-Management). Wiesbaden: Deutscher Universitäts-Verlag/Gabler.

Kröger, Claudia (2002): *Strategisches Marketing von Online-Medienprodukten. Marktattraktivität und Wettbewerbspositionen*. Wiesbaden: Deutscher Universitäts-Verlag.

Krogmann, Nina/Fechner, Georg (2003): Online-Vertrieb. In: Moser, Rolf/Scheuermann, Andreas (Hrsg.): *Handbuch der Musikwirtschaft*. Starnberg/München: Keller. S. 343-362.

Kromer, Eberhard (2008): *Wertschöpfung in der Musikindustrie. Zukünftige Erfolgsfaktoren bei der Vermarktung von Musik*. (Praxisforum Medienmanagement, Band 9). München: Verlag Reinhard Fischer.

Kulle, Jürgen (1998): *Ökonomie der Musikindustrie. Eine Analyse der körperlichen und unkörperlichen Musikverwertung mit Hilfe von Tonträgern und Netzen*. Frankfurt: Lang.

Künne, Ansgar/Torkler, Andreas (2005): Managing Recording und Production. In: Clement, Michel/Schussel, Oliver (Hrsg.): *Ökonomie der Musikindustrie*. Wiesbaden: Deutscher Universitäts-Verlag. S. 113-129.

Lachmann, Werner (2004 [1995]): *Volkswirtschaftslehre 2*. 2. Auflage. Berlin/Heidelberg: Springer.

LaPlante, Alice (2009): Digital Music Is the Future of the Music Industry. In: Espejo, Roman (Hrsg.): *What Is the Future of the Music Industry?* Detroit et al.: Greenhaven Press. S. 20-30.

Lischka, Konrad (2009): Nachhilfe für die Musikbranche. So sollten erfolgreiche Musikdienste aussehen. In: *Spiegel Online*. 27.02.2009. Verfügbar unter: http://www.spiegel.de/netzwelt/web/0,1518,609931,00.html (28.02.2009).

Lombriser, Roman/Abplanalp, Peter A. (2004 [1997]): *Strategisches Management. Visionen entwickeln, Strategien umsetzen, Erfolgspotenziale aufbauen*. 3. Auflage. Zürich: Versus.

Lüke, Falk (2007): Musikdownloads. Der Tabubruch. In. *Zeit Online*. 02.04.2007. Verfügbar unter: http://www.zeit.de/online/2007/14/emi-kopierschutz (18.03.2009).

Luzar, Katrin (2004): *Inhaltsanalyse von webbasierten Informationsangeboten. Framework für die inhaltliche und strukturelle Analyse*. Norderstedt: BoD.

Mahlmann, Carl (2003): Struktur des deutschen Tonträgermarktes. In: Moser, Rolf/Scheuermann, Andreas (Hrsg.): *Handbuch der Musikwirtschaft*. Starnberg/München: Keller. S. 178-208.

Mahlmann, Carl (2008): Marketing und Promotion von Musikprodukten. In: Gensch, Gerhard/Stöckler, Eva Maria/Tschmuck, Peter (Hrsg.): *Musikrezeption, Musikdistribution und Musikproduktion. Der Wandel des Wertschöpfungsnetzwerks in der Musikwirtschaft*. Wiesbaden: Gabler. S. 205-238.

Maier, Matthias (2000): Strategisches Management. In: Karmasin, Matthias/Winter, Carsten (Hrsg.): *Grundlagen des Medienmanagement*. München: W. Fink. S. 59-92.

Mayer, Markus (2007): *Kulturwirtschaft im Wandel. Analyse der Digitalisierung von Musikindustrie, Filmindustrie und Literaturmarkt.* Saarbrücken: VDM Verlag Dr. Müller.

Manschwetus, Uwe/Rumler, Andrea (Hrsg.) (2002): *Strategisches Internetmarketing. Entwicklungen in der Net-Economy.* Wiesbaden: Gabler.

Meffert, Heribert (2005 [1977]): *Marketing. Grundlagen marktorientierter Unternehmensführung. Konzepte – Instrumente – Praxisbeispiele.* 9. Auflage. Wiesbaden: Gabler.

Mertens, Mathias (2009): Lob der Luftgitarre. In: *der Freitag.* Nr. 6. v. 05.02.2009. S. 23.

Moreau, Chris (2009): Poor Content and Marketing Threaten the Future of the Music Industry. In: Espejo, Roman (Hrsg.): *What Is the Future of the Music Industry?* Detroit et al.: Greenhaven Press. S. 16-19.

Moser, Rolf/Scheuermann, Andreas (Hrsg.) (2003 [1992]): *Handbuch der Musikwirtschaft. Der Musikmarkt.* 6. Auflage. Starnberg/München: Keller.

Müller-Stewens, Günter/Lechner, Christoph (2005 [2001]): *Strategisches Management. Wie strategische Initiativen zum Wandel führen.* 3. Auflage. Stuttgart: Schäffer-Poeschel.

Neef, Paulus/Blömer, Henner (2003): Konvergenztechnologie und Musikverwertung. In: Moser, Rolf/Scheuermann, Andreas (Hrsg.): *Handbuch der Musikwirtschaft.* Starnberg/München: Keller. S. 101-111.

Ohler, Arndt (2009): Musikvermarktung. Zum Teufel mit der Plattenfirma. In: *Financial Times Deutschland.* 24.03.2009. Verfügbar unter: http://www.ftd.de/technik/medien _internet/: Musikvermarktung-Zum-Teufel-mit-der-Plattenfirma/491539.html (27.03.2009).

o.V. (2000): Gespräche zwischen den Medienkonzernen gehen weiter. Time-Warner und EMI stoppen Fusion. In: *Handelsblatt.com.* 05.10.2000. Verfügbar unter: http://www.handelsblatt.com/ archiv/time-warner-und-emi-stoppen-fusion;334591 (05.03.2009).

o.V. (2001): GfK-Online-Monitor: Internet wird zum Massenmedium. In: *Welt Online.* 28. 03.2001. Verfügbar unter: http://www.welt.de/print-welt/article442120/GfK_Online_ Monitor_Internet_wird_zum_Massenmedium.html (27.02.2009).

o.V. (2002): Popkomm: Trends vermisst. In: *Heise Online.* 18.08.2002. Verfügbar unter: http://www.heise.de/newsticker/meldung/30041 (24.02.2009).

o.V. (2003): Französische Verbraucherschützer klagen gegen CD-Kopierschutz. In: *Heise Online.* 28.05.2003. Verfügbar unter: http://www.heise.de/newsticker/Franzoesische-Verbraucherschuetzer-klagen-gegen-CD-Kopierschutz--/meldung/37196 (18.03.2009).

o.V. (2006): Sony BMG einigt sich mit weiteren US-Bundesstaaten in Rootkit-Rechtsstreit. In: *Heise Online*. 22.12.2006. Verfügbar unter: http://www.heise.de/newsticker/Sony-BMG-einigt-sich-mit-weiteren-US-Bundes staaten-in-Rootkit-Rechtsstreit--/meldung/82910 (18.03.2009).

o.V. (2008): Ausstieg bei Sony BMG. Bertelsmann trennt sich vom Musikgeschäft. In: *Spiegel Online*. 05.08.2008. Verfügbar unter: http://www.spiegel.de/wirtschaft/0,151 8,570174,00.html (05.03.2009).

o.V. (2008): Zur Entwicklung der Medien in Deutschland zwischen 1998 und 2007. Wissenschaftliches Gutachten zum Kommunikations- und Medienbericht der Bundesregierung. In: *bundesregierung.de*. Verfügbar unter: http://www.bundesregierung.de/Content/DE/__Anlagen/BKM/2009-01-12-medienbericht-teil2-barrierefrei,property= publicationFile,property=publicationFile.pdf (15.03.2009).

Peitz, Martin/Waelbroeck, Patrick (2006): Digital Music. In: Illing, Gerhard/Petz, Marting (Hrsg.): *Industrial Organization and the Digital Economy*. Cambridge/London: MIT Press.

Pörner, Ronald (2002): Die Net Economy – Besonderheiten und strategische Erfolgsfaktoren. In: Manschwetus, Uwe/Rumler, Andrea (Hrsg.): *Strategisches Internetmarketing*. Wiesbaden: Gabler. S. 29-50.

Porter, Michael E. (1999 [1983]): *Wettbewerbsstrategie. Methoden zur Analyse von Branchen und Konkurrenten*. 10. Auflage. Frankfurt/New York: Campus.

Recording Industry Association of America (2009): Illegal File Sharing Threatens the Future of the Music Industry. In: Espejo, Roman (Hrsg.): *What Is the Future of the Music Industry?* Detroit et al.: Greenhaven Press. S. 59-68.

Reineke, Klaas (2000): *Marketingstrategien für Musikprogramme der Popmusik. Eine Untersuchung der musikproduzierenden Unternehmungen im traditionellen und im virtuellen Musikmarkt*. Berlin: Hochschulschrift.

Ringlstetter, Max/Kaiser, Stephan/Brack, Anke (2003): Strategische Allianzen in der Medienbranche. In: Wirtz, Bernd W. (Hrsg.): *Handbuch Medien- und Multimediamanagement*. Wiesbaden: Gabler. S. 725-748.

Renner, Tim (2003): Die Musikcompany der Zukunft. In: Moser, Rolf/Scheuermann, Andreas (Hrsg.): *Handbuch der Musikwirtschaft*. Starnberg/München: Keller. S. 239-245.

Renner, Tim (2008a): *Kinder, der Tod ist gar nicht so schlimm. Über die Zukunft der Musik- und Medienindustrie*. Berlin: Rogner & Bernhard.

Renner, Tim (2008b): Interview mit Dr. Thomas Middelhoff. Interview in: Renner, Tim: *Kinder, der Tod ist gar nicht so schlimm. Über die Zukunft der Musik- und Medienindustrie.* Berlin: Rogner & Bernhard. S. 267-286.

Silverthorne, Sean (2009): Illegal File Sharing Enhances the Future of the Music Industry. In: Espejo, Roman (Hrsg.): *What Is the Future of the Music Industry?* Detroit et al.: Greenhaven Press. S. 69-74.

Sjurts, Ina (2005 [1996]): *Strategien in der Medienbranche. Grundlagen und Fallbeispiele.* 3. Auflage. Wiesbaden: Gabler.

Söllner, Albrecht (2008): *Einführung in das internationale Management. Eine institutionenökonomische Perspektive.* Wiesbaden: Gabler.

Söndermann, Michael (2008): Musikwirtschaft. In: *Deutsches Musikinformationszentrum* (Online-Portal). 09/2008. Verfügbar unter: http://www.themen.miz.org/static_de/themenportale/einfuehrun gstexte_pdf/07_Musikwirtschaft/soendermann.pdf (10.12. 2008).

Spindler, Gerald (2008): Reform des Urheberrechts im „Zweiten Korb". In: *Neue Juristische Wochenschrift.* Heft 1-2. 2008 (61. Jg.). S. 9-15.

Staehle, Wolfgang H. (1999 [1980]): *Management. Eine verhaltenswissenschaftliche Perspektive.* 8. Auflage. München: Verlag Vahlen.

Stähler, Patrick (2002 [2001]): *Geschäftsmodelle in der digitalen Ökonomie: Merkmale, Strategien und Auswirkungen.* 2. Auflage. Lohmar/Köln: Josef Eul Verlag.

Stein, Thomas M./Jakob, Hubert (2003): Schrumpfende Märkte und neue Vertriebswege als Herausforderung für die strategische Unternehmensführung in der Musikindustrie. In: Wirtz, Bernd W. (Hrsg.): *Handbuch Medien- und Multimediamanagement.* Wiesbaden: Gabler. S. 465-482.

Stieglitz, Nils (2004): *Strategie und Wettbewerb in konvergierenden Märkten.* Wiesbaden: Deutscher Universitäts-Verlag.

Swoboda, Bernhard/Schwarz, Sandra (2003): Distribution und Logistik von integrierten Medienunternehmen. In: Wirtz, Bernd W. (Hrsg.): *Handbuch Medien- und Multimediamanagement.* Wiesbaden: Gabler. S. 761-792.

Steinkrauß, Niko (2005): Wettbewerbsanalyse. In: Clement, Michel/Schussel, Oliver (Hrsg.): *Ökonomie der Musikindustrie.* Wiesbaden: Deutscher Universitäts-Verlag. S. 25-40.

Strube, Jochen/Pohl, Gerrit/Buxmann, Peter (2008): Preisstrategien für Onlinemusik. In: Gensch, Gerhard/Stöckler, Eva Maria/Tschmuck, Peter (Hrsg.): *Musikrezeption, Musikdistribution und Musikproduktion. Der Wandel des Wertschöpfungsnetzwerks in der Musikwirtschaft.* Wiesbaden: Gabler. S. 187-203.

Tschmuck, Peter (2008): Vom Tonträger zur Musikdienstleistung.
In: Gensch, Gerhard/Stöckler, Eva Maria/Tschmuck, Peter (Hrsg.):
*Musikrezeption, Musikdistribution und Musikproduktion. Der Wandel des
Wertschöpfungsnetzwerks in der Musikwirtschaft.* Wiesbaden: Gabler.
S. 141-162.

van Dyk, Tim (2005): Einfluss neuer Technologien auf die Wertschöp-
fungskette in der Musikindustrie. In: Clement, Michel/Schussel,
Oliver (Hrsg.): *Ökonomie der Musikindustrie.* Wiesbaden: Deutscher
Universitäts-Verlag. S. 187-200.

van Eimeren, Birgit/Frees, Beate (2008): Internetverbreitung: Größter
Zuwachs bei Silver-Surfern. Ergebnisse der ARD/ZDF-Onlinestudie
2008. In: *Media Perspektiven.* Heft 7. 2008. S. 330-344.

van Hoff, Niel/Mahlmann, Carl (2005): Managing Marketing und Sales.
In: Clement, Michel/Schussel, Oliver (Hrsg.): *Ökonomie der Musikindustrie.* Wiesbaden: Deutscher Universitäts-Verlag. S. 131-155.

Ventroni, Stefan (2005): Copyrights und Lizenzmanagement.
In: Clement, Michel/Schussel, Oliver (Hrsg.): *Ökonomie der Musikindustrie.* Wiesbaden: Deutscher Universitäts-Verlag. S. 55-71.

Voregger, Michael (2004): Buchpiraterie. eBooks boomen illegal.
In: *Spiegel Online.* 15.07.2004. Verfügbar unter:
http://www.spiegel.de/netzwelt/web/0,1518,308704,0 0.html
(13.03.2009).

Voregger, Michael (2005): Raubkopien. Straffrei bei Bagatellfällen?
In: *Spiegel Online.* 19.12.2005. Verfügbar unter:
http://www.spiegel.de/netzwelt/web/0,1518,391198, 00.html
(05.03.2009).

Vormehr, Ulrich (2003): Independents. In: Moser, Rolf/Scheuermann,
Andreas (Hrsg.): *Handbuch der Musikwirtschaft.*
Starnberg/München: Keller. S. 239-238.

Wattendorff, Stefan (2002): Konvergenz der Medien. In: Manschwetus,
Uwe/Rumler, Andrea (Hrsg.): *Strategisches Internetmarketing.*
Wiesbaden: Gabler. S. 51-68.

Welge, Martin K./Al-Laham, Andreas (2003 [1992]): *Strategisches Management. Grundlagen – Prozesse – Implementierung.* 4. Auflage. Wiesbaden: Gabler.

Wetzel, Amélie (2004): *Geschäftsmodelle für immaterielle Wirtschaftsgü-
ter: Auswirkungen der Digitalisierung. Erweiterung von Geschäftsmodellen durch die neue Institutionenökonomik als ein Ansatz zur Theorie der
Unternehmung.* (Schriftenreihe Strategisches Management, Band 16).
Hamburg: Verlag Dr. Kovač.

Wicke, Peter (1997): *Musikindustrie im Überblick. Ein historisch-
systematischer Abriss.* Verfügbar unter: http://www.crossover-
agm.de/txtwick2.htm (25.02.2009).

Wierzbicki, Robert J. (2006): Medienproduktionssysteme – Multimedia. In: Altendorfer, Otto/Hilmer, Ludwig (Hrsg.): *Medienmanagement. Band 4: Gesellschaft – Moderation & Präsentation – Medientechnik.* Wiesbaden: VS Verlag.

Wirtz, Bernd (2001 [2000]): *Electronic Business.* 2. Auflage. Wiesbaden: Gabler.

Wirtz, Bernd W. (Hrsg.) (2003): *Handbuch Medien- und Multimediamanagement.* Wiesbaden: Gabler.

Wirtz, Bernd W. (2005 [2000]): *Medien- und Internetmanagement.* 4. Auflage. Wiesbaden: Gabler.

Wölk, Michaela (2005): Neue Medien und ihre Auswirkungen in der politischen Kommunikation. In: Popp, Reinhold (Hrsg.): *Zukunft : Freizeit : Wissenschaft. Festschrift zum 65. Geburtstag von Univ. Prof. Dr. Horst W. Opaschowski.* Wien: LIT.

Wood, Daniel B. (2009): The CD Is Obsolete. In: Espejo, Roman (Hrsg.): *What Is the Future of the Music Industry?* Detroit et al.: Greenhaven Press. S. 46-50.

Zerdick, Axel/Picot, Arnold/Schrape, Klaus/Artopé, Alexander/Goldhammer, Klaus/Heger, Dominik K./Lange, Ulrich T./Vierkant, Eckart/López-Escobar, Esteban/Silverstone, Roger (2001 [1999]): *Die Internet-Ökonomie. Strategien für die digitale Wirtschaft.* (European Communication Council Report). 3. Auflage. Berlin/Heidelberg: Springer.